职业本科航海专业人才培养模式探索

黎冬楼　刘金华　繆从金 ◎ 著

吉林出版集团股份有限公司

图书在版编目（CIP）数据

职业本科航海专业人才培养模式探索 / 黎冬楼，刘
金华，繆从金著. — 长春：吉林出版集团股份有限公司，
2023.10

ISBN 978-7-5731-4382-2

Ⅰ. ①职… Ⅱ. ①黎… ②刘… ③繆… Ⅲ. ①高等学
校－航海学－专业人才－人才培养－培养模式－中国
Ⅳ. ①U675

中国国家版本馆 CIP 数据核字（2023）第 191531 号

职业本科航海专业人才培养模式探索

ZHIYE BENKE HANGHAI ZHUANYE RENCAI PEIYANG MOSHI TANSUO

著　　者　黎冬楼　刘金华　繆从金

出版策划　崔文辉

责任编辑　王　媛

封面设计　文　一

出　　版　吉林出版集团股份有限公司

　　　　　（长春市福祉大路 5788 号，邮政编码：130118）

发　　行　吉林出版集团译文图书经营有限公司

　　　　　（http://shop34896900.taobao.com）

电　　话　总编办：0431-81629909　营销部：0431-81629880/81629900

印　　刷　廊坊市广阳区九洲印刷厂

开　　本　710mm×1000mm　　1/16

字　　数　235 千字

印　　张　13.5

版　　次　2023 年 10 月第 1 版

印　　次　2023 年 10 月第 1 次印刷

书　　号　ISBN 978-7-5731-4382-2

定　　价　78.00 元

前　言

我国航海业自古繁荣昌盛且历史悠久，从隋唐五代到宋元时期，就领先西方进入"定量航海"时期。我国是世界航海文明的发祥地之一，并且通过海上交通，与世界上很多国家都有政治、经济、文化等方面的交流，对世界航海科技发展和传播文明做出了重要贡献。英国《航海史》一书记载："航海从曾经被认为的一种技艺，逐步发展和演变成为现在的一门科学和技术。" 21 世纪，我国航海将全面应用和发展现代高新技术，探析新时期我国航海技术专业多年来的人才培养现状模式，分析其存在的不足、需要解决的问题等，加强新时期我国航海技术专业人才综合培养体系的创新机制研究，是当前航海高校亟须解决的重大问题。

本书以职业本科航海专业的人才培养模式为研究对象展开分析。首先，从理论角度分析了航海职业与航海教育的相关内容，指出其中存在的问题，并提出发展建议。其次，围绕航海专业的人才培养进行了分析，包括海航专业学生应该具备的综合素质以及不同专业人才的要求及教学内容。最后，重点分析职业本科航海专业人才的培养策略，包括职业本科航海专业人才培养分析与对策、职业本科航海专业人才培养的不同模式、职业本科航海专业国际化人才培养、STCW 公约马尼拉修正案与航海专业履约人才培养等。本书角度新颖、结构清晰、内容全面、实用性强，适合航海专业学习者与从业者参考和阅读。

本书在写作过程中参考了许多学术著作与论文，在此向其著作者表示由衷的感谢。由于时间与精力不足，本书存在许多不足之处，希望各位读者能够予以谅解，并提出宝贵意见。

作者

2023 年 6 月

目　录

第一章　航海职业与航海教育

第一节　航运业、航海职业与航海教育

一、航运业

海上运输是一种利用船舶、排筏和其他浮运工具，在各个沿海港口之间运送旅客和货物的运输方式。狭义上，海运业指的是以船舶等浮运工具为主要运输工具，提供从一个港口到另一个港口的运输服务的产业。而广义上，海运业则包括以海运为核心的多种运输方式，为实现"门到门"运输服务的整个产业链服务。这一产业链涵盖从托运人处到港口、从港口到收货人处的陆路运输服务，以及港口之间的海上或河流/沿海运输服务。此外，还包括与之相关的码头及其相关业务、货物运输代理、船舶代理等综合性服务。在这个广义的海运业中，各个环节的协调与合作十分重要，以确保货物能够安全、高效地运送到目的地。海上运输作为国际贸易和全球经济发展的关键环节，扮演着连接各地桥梁的作用，为各种行业的发展提供了不可或缺的支持。

海运业是我国国民经济重要的基础性和服务性产业，是综合运输体系的重要组成部分，是经济社会发展和对外开放的重要资源。由于世界各地的资源分布不均衡，经济发展水平和消费水平也不平衡，其间差异需通过贸易加以调节。这类贸易活动形成的货流（包括货类、流量和流向）构成对海上运输的需求。海运业提供的船舶运输服务形成海运供给。这种供给配合需求、船货供求结合的活动组成了航运市场。按照运输的对象，航运市场可分成集装箱运输市场、干散货运输市场、油气运输市场、客运市场、特种货物运输市场、散杂货运输市场等专门化市场。

按照运输区域，海上运输大体可划分为沿海运输、远洋运输。海上运输作为传统且仍处于发展中的运输方式，为我国国民经济和社会发展做出了巨大贡献，在很大程度上保障了国家重点物资的运输，推动了国家经济建设，促进了对外贸易的快速发展。随着我国对外贸易的增长和海上运输的不断发展，海运已经成为一个继公路、铁路、航空、管道等主要运输方式之后国家大力发展的物流渠道。海上运输的优势如下：

其一，单位运输工具的装载量大。在海上运输中，大型原油运输船舶吨位已经超过 50 万载重吨，铁矿石运输船舶吨位已经超过 40 万载重吨，新一代集装箱船舶载箱量已超过 2 万 TEU。而火车重载单列载量约 1.5 万载重吨，相比之下，一艘船舶的载货量大大超过了重载火车运量。

其二，运输成本较低。运输船舶吨位较大，其单位货量运输成本远低于铁路、公路以及航空运输，在大宗散货运输中具有明显优势。

其三，环境影响小。水运是相对于公路和铁路运输而言对环境影响最小的一种运输方式。与公路运输相比，水运对污染的影响较小，尤其是在 PM10、有机化合物、氮氧化合物和一氧化碳方面。公路运输在这些方面对环境的负面影响最为严重。另外，飞机运输会导致严重的铅污染。相比之下，船舶运输在 PM10 污染方面只占很小比例，约为 10%，其他方面的污染可以忽略不计。

其四，土地占用少。与公路和铁路相比，水运对土地的占用更少。海上运输主要利用天然河流和海岸线，而不需要大规模的土地开发。此外，水运还有一个优点是可以回填泥土来增加可利用土地的面积。这意味着水运不会对土地资源造成过多的压力，相比之下，公路和铁路建设需要占用大量的土地资源。

二、航海职业

船员是船上任职和从事船上工作的乘员的总称，又称为海员。《中华人民共和国船员条例》规定了船员的分类，包括船长、高级船员和普通船员。船员服务簿是记录船员个人资历、训练和体格检查情况的证件，用于申请考试、升级签证和换领适任证书。船员的素质和行为对船舶任务的安全、质量、经济和效率具有直接影响。他们承担着保证船舶航行安全和防止污染海洋环境的使命,受到国际海事组织和相关公约的监管。他们的工资待遇受到国际劳工组织和国际运输工人联合会的关注。

根据 SOLAS 公约的规定,船舶必须持有船旗国签发的船舶最低安全配员证书,以确保航行安全和防止污染。国际货船的船员组织结构包括船长、高级船员和普通船员,他们需要持有适任证书和相关专业训练证书。

船长是船舶的最高领导,大副和轮机长分别负责甲板部和轮机部的管理,而客轮还设有客运部。不同船舶管理体系中的岗位职责存在一定的相似性。无论在什么船舶类型中,船员们都肩负着确保航行安全、执行任务以及船舶正常运行的重要职责。

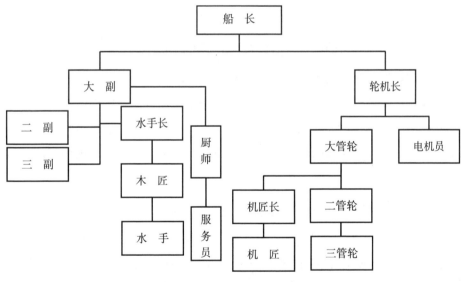

图 1-1　货船船员组织示意图

三、航海教育

(一)海员教育与航海教育之间的关系

当前,有不少人把航海教育与海员教育混为一谈,实际上二者之间既密切相关,又有显著区别。从本质上来说,海员教育是航海教育的一个分支,并不是航海教育的全部。宽泛地讲,凡是与航海事业密切相关的专业都属于航海教育的范畴，包括航海技术、轮机工程、海商海事与法律、船舶导航技术、以航运为基础的物流管理、海上旅游与乘务管理等。而海员教育的范畴则相对较窄，仅涉及航海技术、轮机工程（技术）和船舶电子电气工程（技术）三个专业中面向海员岗位就业的部分。

仅就航海技术、轮机工程（技术）和船舶电子电气工程（技术）三个专业而言，本科教育和高职（专科）教育的培养目标也有明显区别，高职（专科）教育的培养目标较为具体，主要为三副、三管轮、船舶电子电气员。而本科层次的三个专业的人才培养目标较为分散，主要有：国家的航运管理人才、航海研究人才、航海教育师资队伍和船舶三副、三管轮、船舶电子电气员。

（二）海员教育的特点

从本质上讲，海员教育属职业教育的范畴，教育内容决定了海员教育是与行业结合相当紧密的教育，海员教育的职业属性主要表现在：

1. 人才培养目标和典型岗位较为明确

从目前来看，大多数院校的航海技术专业培养目标和典型岗位设定为无限航区 3000 总吨及以上船舶的三副，轮机工程（技术）专业培养目标和典型岗位设定为无限航区 3000 千瓦及以上船舶的三管轮，船舶电子电气工程（技术）专业设定为船舶电子电气员。

2. 教学训练标准的国际规范化程度较高

在校期间，学生学习的核心专业课程基本上是按照经修正的《海船船员培训、发证与值班标准国际公约》（以下简称 STCW 公约）和国家海事管理机关的相关要求来构建的。学生经过学习、培训和考试后可获得航海从业所需职业素质及相关证书，且该证书具有国际通用性；学生入校取得学籍后即需报国家海事管理机关备案，整个教育过程需遵守航海行业相关规定，受国家海事管理机关全程监控。

3. 须按理论知识学习和实践技能培养相结合的教学模式开展教学

由于在校学生在获得航海从业所需职业素质及相关证书前，须参加各类考试与评估，这些考试与评估不仅要考核理论知识，还要评估学生在校期间专业技能的掌握程度,任何一门课程(证书)考试与评估不合格,就不能获得最终的适任证书。因此,学生不仅要学习相关的基础理论知识和专业知识,还要更加注重实践技能的锻炼。教师的课程教学也主要围绕着知识和技能培养这两方面进行。

高职航海教育是培养航海人才的重要途径。随着全球经济一体化的加速,海上运输业迎来了前所未有的发展。这一行业的特点发生了巨大变化,包括海运的国际化、多式联运化以及船舶高科技化。这些变化对航运人才的知识结构和能力结构提出了更高的要求。在航海教育中,学生需要掌握扎实的航海专业技能。他们需要了解航海领域的最新发展,掌握航海导航、海上通信和船舶操作等方面的知识。此外,学生还需要熟悉国际法规和国际惯例,了解国际贸易和海洋运输的相关规定。这些知识将帮助他们在全球化的航运市场中进行经营管理。除了专业知识,学生还需要具备实际动手能力、外语应用能力和适应社会能力。在航海行业中,实践经验至关重要。学生需要进行实地实习,亲自操作船舶设备,并通过实践锻炼自己的技能;同时还需要具备良好的外语沟通能力,以便与国际船员和海运公司进行有效的交流。此外,他们还需要适应多样化的社会环境和船舶上的团队合作。在海上工作是一项艰苦而具有挑战性的任务,学生需要具备承受压力和适应各种复杂环境的能力,还需要具备海洋安全意识、环保意识和可持续发展意识。航海行业与海洋紧密相连,学生应该明确海洋资源的重要性,并意识到保护海洋生态系统的重要性。他们需要学习并贯彻安全规章制度,积极参与海上环境保护和可持续发展的实践。

(三)中国海员教育在航运业发展中的重要作用

随着全球经济一体化进程的不断加快,我国航运业得到了长足的发展,成为国民经济的支柱产业之一。如何建立一支高素质的海员队伍,航运企业是否能够拥有控制一支高素质的海员队伍越来越成为企业生存、行业发展的决定性因素。但我国航运企业高素质的海员队伍总体上还不能满足我国海运业快速发展的需要。究其原因,一方面,随着知识经济的到来,知识更新的速度大大加快,原有的海员队伍总体水平不高与数量不足的矛盾将会继续存在并可能有所增大，难以满足航运业快速发展的需要；另一方面，航运业人力资源总量不能满足建设航运强国的要求。因此，海员教育在海运业发展中起着尤为重要的作用，建立一支适应海运业发展的高素质海员队伍刻不容缓。

作为为国内外航运企业提供专门人才的我国航海教育机构，改革开放以来取得了较大的进步，为我国的海运事业培养了大量人才，做出了积极贡献。在高素质海员队伍培养方面，我国的人才培养数量居世界第一，生源质量也基本接近国际先进水平。如今，国内航海院校不仅与美国、俄罗斯、土耳其、埃及和德国等国家的世界知名航海学府开展师资互换、学生交流等合作，还与斯里兰卡、坦桑尼亚等国合作办学，按照中国海员教育模式和体系制定标准，帮助他们培养高素质的海员队伍，实现了初步意义上的高等航海教育输出，显示了中国海员教育在国际海员教育培训方面的地位和实力，说明中国海员教育事业取得的成绩得到了世界同行的高度认同。

第二节　航海教育的国际性与规范性

航运业是全球化的产业，这决定了为其提供人才保障的航海教育必须国际化。国际海事组织、国际劳工组织、国际航运公会、国际航运联合会等政府间或非政府间的海事类国际组织在规范航运业和航海教育活动方面发挥着重要作用，并越来越重视海上安全事故和海洋污染事故中人为因素的作用，对海员的综合素质和适任标准的要求越来越高。这些国际组织不断修改有关海员培训标准的国际公约和法规，促使航运院校在学生培养目标、培养模式国际化要求下不断修订人才培养计划，提高人才培养质量。

一、航海相关的国际组织

（一）国际海事组织

1. 国际海事组织简介

国际海事组织（International Maritime Organization，简称 IMO）是一个

联合国专门机构，负责制定和推动国际海事法律和标准。IMO 的总部位于英国伦敦，成立于 1948 年，是联合国系统中专门负责海事事务的国际组织。

IMO 的主要任务是保护海上生命安全、防止海上污染、促进海事安全和有效的航运。为此，IMO 制定并推广一系列国际公约、规则和指南，以确保全球海事行业的安全性、可持续性和环境保护。

IMO 的成员国包括绝大多数沿海国家和海洋国家，目前有 174 个会员国。这些会员国在 IMO 的决策过程中享有平等的地位，根据国际海事公约的规定，每个会员国都有权在 IMO 的会议和委员会中发表意见、提出建议，并参与决策。

IMO 的核心工作是通过国际合作和协调来确保全球海事行业的安全和可持续发展。该组织致力于制定和更新国际海事法律框架，包括制定船舶安全规则、避免碰撞规则、海上污染防治规则等。此外，IMO 还推动着海事培训与技术合作，提供技术援助和培训项目，帮助发展中国家提升海事能力和标准。

2.IMO 的组织机构

（1）大会（Assembly）：IMO 的最高决策机构，由所有会员国的代表组成，每两年召开一次。大会审议并决定组织的工作计划、预算、重要政策和法律文件等。

（2）理事会（Council）：由 40 个会员国组成，每两年选举产生。执行委员会负责管理 IMO 的日常事务，包括决策实施、预算管理、人事任命等。

（3）技术委员会（Technical Cooperation Committee）：负责推动技术合作项目的开展，包括技术援助、培训计划和能力建设项目等。委员会由 40 个会员国组成，与执行委员会平行。

（4）海上安全委员会（Maritime Safety Committee）：负责制定和推广国际海事安全规则和标准。委员会的职责包括船舶安全、避碰规则、海上交通管理等。所有会员国都有权参加委员会的会议和工作组。

（5）海上环境保护委员会（Marine Environment Protection Committee）：负责制定和推广国际海洋环境保护规则和标准，以减少船舶对环境的污染。委员会关注的问题包括油污染、废物管理、气体排放等。

（6）法律委员会（Legal Committee）：负责国际海事法律和条约的制定和解释。委员会审议有关国际海事法律的问题，并为大会和其他委员会提供法律意见和建议。

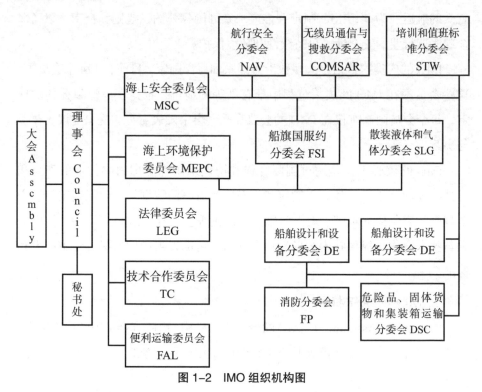

图 1-2 IMO 组织机构图

（7）便利运输委员会

它是理事会下设的附属机构，在理事会认为必要时召开会议，负责研究有关便利国际海上运输方面的活动，减少有关船舶进出港口的手续和简化所涉及的文件。

在 1991 年召开的第 17 届大会上通过了对国际海事组织公约的一项修正案，使便利运输委员会的地位与其他几个委员会的地位相等，即在该修正案生效后，便利运输委员会应由全体成员国的代表组成，每年至少召开一届会议。

（8）秘书处

其负责保存国际海事组织制定的公约、规则、议定书、建议案和会议的记录及会议文件，并负责处理日常事务的常设机构。设有海上安全司、海上环境保护司、法律事务和对外关系司、行政司、会议司和技术合作司。

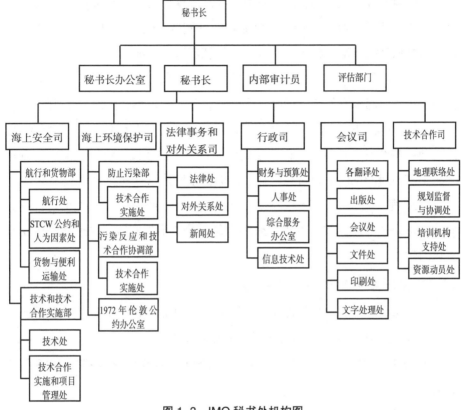

图 1-3 IMO 秘书处机构图

3. 国际海事组织的主要活动

（1）国际海事法律和规则的制定：IMO 负责制定、更新和协调国际海事法律和规则，以确保全球海上活动的安全、环保和效率。其中最重要的法律文件是《国际海上人命安全公约》（SOLAS 公约）和《国际海上污染防止公约》（MARPOL 公约）。

（2）安全和防止污染的措施：IMO 致力于提高船舶和海上设施的安全性，确保航行安全和减少海洋污染。它发布了各种指南、规定和标准，以规范船舶建造、操作和维护，并提供培训和认证服务。

（3）技术合作和技术援助：IMO 支持发展中国家提高其海事能力建设。该组织通过技术合作、技术援助项目和培训计划来帮助这些国家提高海事人员的技能水平，促进海事基础设施建设，并提供技术支持和知识传递。

（4）船员培训与认证：IMO致力于提高全球海员的技能水平和安全意识。该组织制定了《国际海员培训、认证和值勤制度公约》（STCW公约），规定了船员培训的标准和程序，并确保船员拥有适当的证书和资质。

（5）船舶和港口设施的安全审核：IMO对船舶和港口设施进行安全审核和评估，以确保它们符合国际安全标准，并能够防范潜在的安全风险。

（6）环境保护：IMO致力于保护海洋生态环境，减少船舶排放的污染物，并推动可持续发展的海上运输。该组织制定了《能效设计指标和能效运营标准》（EEDI和EEOI），旨在降低船舶的温室气体排放和能源效率。

（7）海上安全意识宣传：IMO通过组织会议、研讨会、培训和宣传活动，提高全球海上社区的安全意识，鼓励合作，分享最佳实践，并推动海事安全文化的建立。

4. 国际海事组织的公约及其修正案

国际海事组织制定并负责保存的国际公约和议定书共有44项，我国已经先后加入了其中的30多项国际公约。其中包括有：

（1）1974年国际海上人命安全公约（SOLAS1974）及1978、1988年议定书；

（2）1972年国际海上避碰规则公约 [COLREGS（amended）1972]；

（3）1973年国际防止船舶造成污染公约 [MARPOL（amended）73/78]；

（4）1965年国际便利海上运输公约 [FAL（amended）1965]；

（5）1966年国际载重线公约（LL1966）及1988年议定书；

（6）1969年国际船舶吨位丈量公约（TONNAGE1969）；

（7）1969年国际干预公海油污事故公约（INTERVENTION1969）；

（8）1973年国际干预公海非油类物质污染议定书 [INTERVENTIONPROT（amended）1973]；

（9）1969年国际油污损害民事责任公约（CLC1969）及1976、1992年议定书；

（10）1971 年特种业务客船协定（STP1971）；

（11）1973 年特种业务客船舱室要求议定书（SPACESTP1973）；

（12）1971 年海上核材料运输民事责任公约（NUCLEAR1971）；

（13）1971 年关于设立国际油污损害赔偿基金国际公约（FUND1971）及 1976、1992 年议定书；

（14）1972 年国际集装箱安全公约 [CSC（amended）1972]；

（15）1974 年海运旅客及其行李运输雅典公约（PAL1976）及 1976、1990 年议定书；

（16）国际海事卫星组织公约 [INMARSAT-C（amended）]；

（17）国际海事卫星组织业务协定 [INMARSATOA（amended）]；

（18）1976 年海事索赔责任限制公约（LLMC1976）及 1996 年议定书；

（19）1977 年国际渔船安全 Torremolinos 公约，1993 年议定书（SFVPROT1993）；

（20）1978 年海员培训、发证和值班标准国际公约 [STCW（amended）1978]；

（21）1995 年渔船船员培训、发证和值班标准国际公约（STCW-F）；

（22）1979 年国际海上搜寻救助公约（SAR1979）；

（23）1988 年制止危及海上航行安全非法行为公约（SUA1988）及议定书；

（24）1989 年国际救助公约（SALVAGE1989）；

（25）1990 年国际油污防备、反应和合作公约（OPRC1990）；

（26）1996 年关于与危险品及有毒物品海上运输相关的责任及损害赔偿国际公约（HNS1996）；

（27）1993 年船舶优先权和抵押权国际公约；

（28）1972 年防止倾倒废物及其他物质污染海洋的公约 [LC（amended）1972] 等。

（二）国际劳工组织

1. 国际劳工组织简介

国际劳工组织（International Labour Organization，简称 ILO）是一个联

合国专门机构，成立于 1919 年，总部位于瑞士日内瓦。它是全球最早成立的国际组织之一，也是唯一一个以劳工和雇主、政府三方代表为基础的全球组织。

国际劳工组织的使命是促进全球公正和体面的工作条件。它的目标是通过制定国际劳工标准、推动工作机会的创造、促进社会对话和保护劳工权益来实现这一使命。

国际劳工组织的成员包括 187 个国家，其中包括所有联合国会员国。该组织通过三方结构进行决策和管理，由政府、雇主和工会组成的代表组成。每个成员国都有代表参与国际劳工组织的活动和决策制定。

国际劳工组织的工作涵盖了广泛的领域，包括劳动法律和标准、就业政策、劳动力市场、社会保障、劳工权益保护、劳动关系和社会对话等。该组织通过研究、制定国际公约和推动政策发展，努力改善全球的工作条件，并确保劳工权益得到尊重和保护。

国际劳工组织还通过技术合作项目、政策咨询和能力建设等方式为会员国提供支持，帮助他们改善劳工和雇主之间的关系，促进社会公正和经济发展。

2. 国际劳工组织的组织结构

国际劳工组织的组织结构是基于三方代表制，由政府、雇主和工会代表组成。以下是国际劳工组织的主要组织机构：

（1）国际劳工大会（International Labour Conference）：国际劳工大会是国际劳工组织的最高决策机构，每年定期召开一次。它是由各成员国的政府、雇主和工会代表组成的三方代表团参加的国际会议。国际劳工大会讨论和决定劳工政策、制定国际劳工标准、审议预算和工作计划等重要事项。

（2）行政委员会（Governing Body）：行政委员会是国际劳工组织的常设机构，负责监督组织的日常事务和决策执行。行政委员会由政府、雇主和工会代表组成，总共有 28 个正式成员国席位（14 个政府席位、7 个雇主席位和 7 个工会席位）。行政委员会定期会议，讨论和决定关于组织管理、政策发展、预算编制等事项。

（3）劳工局（International Labour Office）：劳工局是国际劳工组织的执行机构，总部位于瑞士日内瓦。它提供研究、政策咨询、技术合作和能力建设等服务，支持成员国在劳工领域的发展。劳工局的工作由一位总干事领导，总干事由国际劳工大会选举产生。

除了上述主要机构外，国际劳工组织还设有各个部门、部门委员会和专门委员会，负责特定领域的工作和项目。这些机构和委员会的目标是促进劳工权益保护、制定国际劳工标准、推动社会对话、促进就业和实现可持续发展等。

3. 国际劳工组织的职责和主要活动

国际劳工组织的职责是促进全球公正和体面的工作条件。为实现这一使命，国际劳工组织开展了许多主要活动，涵盖了广泛的领域。以下是国际劳工组织的主要职责和活动：

（1）制定国际劳工标准：国际劳工组织制定了一系列的国际劳工标准，包括公约和推荐建议。这些标准涵盖了劳动权益、就业、工作条件、社会保障、劳动关系、职业安全与健康等方面。国际劳工标准为各成员国提供了指导，帮助他们改善工作环境和劳动权益保护。

（2）促进就业和创造工作机会：国际劳工组织致力于促进就业和创造工作机会。它开展研究和政策咨询，帮助成员国制定和实施就业政策，促进经济增长和创造可持续的工作机会。

（3）促进社会对话：国际劳工组织鼓励并促进雇主、工会和政府之间的社会对话。它支持建立和加强社会对话机制，以实现共识、解决争议和制定共同劳动政策。社会对话有助于建立和谐的劳动关系，促进社会稳定和经济发展。

（4）保护劳工权益：国际劳工组织致力于保护劳工的权益和福利。它通过制定和推动实施劳工法律和标准，确保劳工享有公平的工资、工时限制、休假权、安全保护和社会保障等权益。

（5）提供技术合作和能力建设：国际劳工组织通过技术合作项目和能力建设，为成员国提供支持和援助。它帮助国家制定劳工政策、加强执法能力、提高职业培训和技能发展，以促进可持续的经济和社会发展。

此外，国际劳工组织还开展其他活动，如研究劳工问题、组织培训和会议、推动国际合作等。通过这些努力，国际劳工组织在全球范围内推动公正和体面的工作条件，促进劳工权益保护和可持续发展。

（三）经济合作与发展组织海上运输委员会

经济合作与发展组织海上运输委员会（MTCOFOECD）是经济合作与发展组织（OECD）的下属机构，成立于 1961 年 9 月 30 日，总部位于伦敦。该组织由 25 个成员国组成，其中包括美国、英国、澳大利亚、法国、日本、荷兰等国家。其主要职责是处理国家间的航运政策问题，并解决成员国与发展中国家在航运事务中遇到的困难和问题。

MTCOFOECD 的工作重点之一是讨论世界航运的总体发展变化和航运商业化的可行性问题。为此，该组织设有一个特别小组，负责协调成员国在世界航运中的位置和问题。通过与联合国和其他相关会议进行协商和洽谈，MTCOFOECD 致力于推动国际航运领域的合作与发展。

此外，MTCOFOECD 还设有一个特别行动小组，其职责是监察发展中国家和发达国家的船舶航运政策，并推动世界航运经济的发展。通过研究和分析各国的航运政策，该小组为成员国提供政策建议和发展战略，以促进全球航运业的繁荣与稳定。

MTCOFOECD 的工作对于发达国家和发展中国家的经济发展具有积极影响。通过促进国际航运领域的合作与交流，该组织为成员国提供了一个平台，使各国能够分享最佳实践、推动技术创新，并加强航运业务的有效管理。这有助于提高航运业的效率和可持续性，推动全球贸易的发展，为各国经济的增长和繁荣做出贡献。

（四）联合国贸易和发展会议

联合国贸易和发展会议（United Nations Conference on Trade and Developmen-t,UNCTAD）是一个重要的联合国机构，成立于 1964 年。UNCTAD 致力于促进全球贸易和可持续发展，特别关注发展中国家和最不发达国家的经济增长和融入全球经济体系。

UNCTAD 的目标是通过研究、政策分析和技术援助等方式，为发展中国家提供支持和建议，以加强其在国际贸易和投资领域的能力。该组织还通过举办会议、培训项目和开展研究等活动，促进发展中国家在全球贸易体系中的参与和利益。

UNCTAD 的主要工作领域包括贸易、投资、金融、发展经济学、可持续发展和技术合作等。该组织通过与其他国际组织、政府和民间社会合作，推动国际发展议程，帮助发展中国家实现经济增长和减贫目标。

（五）国际运输工人联合会

国际运输工人联合会（International Transport Workers' Federation，ITF）是一个全球性的工会组织，成立于 1896 年。ITF 代表着来自不同运输行业的工人，包括航空、航海、陆路交通、港口和物流等领域的工人。

ITF 的主要目标是保护和促进运输工人的权益、福利和工作条件。该组织致力于维护工人的劳动权利，提高工资待遇，确保工作场所的安全和健康标准，以及提供培训和职业发展机会。

ITF 通过开展协商、运动和代表工人的利益进行政策倡导，与国际和地区运输业的雇主组织、政府和其他利益相关方进行对话和合作。它还提供支持和援助给遭受不公正待遇的运输工人，包括帮助解决劳工纠纷和提供法律咨询。

ITF 在全球范围内组织和协调运输工人的行动，以推动社会正义、劳工权益和可持续发展。它还与其他国际工会组织和相关组织合作，以共同推动全球运输行业的改革和进步。

二、航海相关的国际公约

海洋运输已经成为现代社会中不可或缺的重要商贸交流活动。在航运业实施国际标准化和规范化管理方面，国际统一的法律法规是至关重要的依据，为此国际社会做出了大量艰辛的努力。国际公约和法规涵盖了国际航运和船舶管理的各个方面，这些公约和法规的制定和管理工作由联合国、国际海事组织、国际劳工组织以及其他国际组织承担。在本节中，将简要介绍对该行业产生重大影响的一些国际公约和法规。

（一）1982 年联合国海洋法公约（UNCLOS 1982）

1. 公约的产生

海洋是指地球表面被广阔海水所覆盖的部分，占据了地球表面总面积的71%。海洋对于世界各国，尤其是沿海国家的生存与发展至关重要，它为人们提供了丰富的物资资源和便利的交通运输条件。随着联合国的成立，各国对海洋的依赖程度显著提高，因此有必要建立一套综合性的海洋法律制度。为此，联合国召开了 3 次重要的海洋法会议，并最终通过了《联合国海洋法公约》。

《联合国海洋法公约》于 1994 年生效，并在 1996 年正式开始执行。这个公约为国际社会提供了一个全面的框架，以管理和保护海洋资源，并确保海洋的和平利用。公约的目标包括确立海洋边界、规定海洋环境保护原则、管理渔业资源、促进科学研究和技术合作等。

作为一个负责任的国家，我国于 1996 年加入了《联合国海洋法公约》，并承诺遵守其中的规定。我国作为拥有辽阔海洋领域的国家，积极参与国际海洋事务，致力于维护海洋生态平衡和可持续发展。加入公约后，我国与其他国家共同努力，共同管理海洋资源，保护海洋环境，维护海洋安全，促进国际合作与交流。

2.UNCLOS 1982 公约的主要内容

（1）海洋领土与管辖权：公约规定了海洋领土的界定和划分，包括领海、毗连区、专属经济区和大陆架等。各国在自己的领土范围内享有主权和管辖权。

（2）航行自由：公约确认了航行自由的原则，即各国有权在国际水域自由通行。同时，公约规定了航行的限制和义务，包括安全航行、环境保护和其他国家权益的尊重。

（3）经济利益与资源管理：公约确立了各国在专属经济区内的经济利益和资源管理原则。各国享有在其专属经济区内开发、管理和保护海洋资源的权利。

（4）国际海底区域：公约规定了国际海底区域的管理和开发。国际海底区域是属于全人类的遗产，公约确立了国际海底区域的开发原则和国际海底权益的分配机制。

（5）环境保护：公约强调海洋环境的保护和可持续利用，包括防止污染、保护海洋生物多样性和生态系统的措施。

（6）解决争端机制：公约建立了解决海洋争端的机制，包括国际海洋法院和仲裁等途径，以和平方式解决争端。

UNCLOS 1982公约是一个综合性的国际法律文书，旨在平衡各国的权益，促进海洋的合理利用和可持续发展。

3.UNCLOS 1982 公约对海上不同区域权利的规定

（1）领海基线：沿海国的大潮低潮线，用于界定沿海国的领土范围。然而，在曲折海岸线或存在岛屿的情况下，可以采用直线基线划定方法来确定领海的范围。

（2）内水：指基线向陆地一侧的水域，由沿岸国家行使管理权，其他国家的船舶无通行权。这意味着沿岸国家有权管理内水区域内的资源和活动，并对进入该区域的船舶进行管理和监管。

（3）领海：指基线以外的 12 海里水域，属于沿岸国家的主权范围。沿岸国家可以管理和利用领海内的资源，而外国船舶则享有"无害通过"权利，即可以在经过领海时不妨碍沿岸国家的利益。然而，军事船舶需要获得许可才能进行"过境通过"。

（4）毗连区：指领海和专属经济区之间的 12—24 海里水域，属于沿岸国家的管辖范围。沿岸国家有权在毗连区内执行管辖权，打击走私、偷渡等违法活动，维护海洋安全和秩序。

（5）专属经济区：以领海基线为起点，向外延伸不超过 200 海里的海域。沿岸国家在专属经济区内享有资源开发和管理的权利，包括渔业、石油、天然气等资源的开采。其他国家则享有航行自由的权利，可以在专属经济区内进行合法的航行和其他与国际法一致的活动。

（6）大陆架：指邻接海岸或岛屿海岸的海床和底土，属于沿海国家的主权范围。沿海国家享有探测和开发大陆架上的天然资源的主权权利，这包括石油、天然气、矿产等资源的开采和利用。

（7）群岛国水域：群岛国的领海基线连接最远的岛屿，从基线起算的200海里范围内被视为其专属经济区。这种规定确保了群岛国家能够有效管理和保护其周围海域的资源，并为其经济发展提供支持。

（8）公海：指领海以外的洋、海和其他水域，属于全人类共同拥有的国际水域。在公海上，船舶的船旗国享有管辖权，即船舶受其所属国法律的管辖。然而，在发生海盗、奴隶贩卖等犯罪事件时，任何国家都有权介入并采取行动。

对内陆国家而言，如果它们加入相关公约并成为转运国，它们可以在转运国享受免关税待遇。这意味着内陆国家可以通过与转运国之间的协议，在国际贸易中获得一定的优惠待遇，减少关税和贸易壁垒的限制。这有助于促进内陆国家的经济发展和与其他国家的合作。

（二）1974年国际海上人命安全公约（SOLAS 1974）

1. 公约的产生

泰坦尼克号的沉没事件发生于1912年，这场灾难震惊了全球，引起了人们对海上安全的广泛关注。作为对这场悲剧的回应，1913年召开了首次国际海上人命安全会议，会议的目标是制定一套旨在保障海上安全的准则。

在这次会议上，与会国家达成了共识并制定了第一个海上安全准则。然而，这一准则并不足以满足不断变化的海上运输需求和技术进步的要求。因此，经过多年的努力和讨论，1974年修订的《国际海上人命安全公约》（SOLAS公约）得以通过，并成为被世界广泛认可的海上安全准则。

1980年，SOLAS公约正式生效，我国也成为其缔约国之一。截至2011年，已有169个国家成了SOLAS公约的缔约国，表明了该公约在全球范围内的重要性和影响力。

国际海事组织（IMO）被委托负责管理和监督SOLAS公约的执行。IMO是一个专门机构，致力于维护全球海上安全、推动海上运输的可持续发展，并协调各国在海上安全领域的合作。

为了与时俱进，SOLAS公约在1978年和1988年进行了两次重要的修订。这些修订是通过多次的国际会议和协商达成的，旨在适应不断变化的航运行业和技术发展的需要。通过这些修改，SOLAS 公约不断更新，以确保船舶和船员的安全，并提高全球海上运输的质量和效率。

2.SOLAS 公约的主要内容

（1）安全管理体系：SOLAS 公约要求船舶拥有有效的安全管理体系（SMS），包括船舶管理、人员培训、应急准备和规程等方面，以确保船舶在运行过程中的安全。

（2）船舶结构、设备和操作标准：SOLAS 规定了船舶的结构、设备和操作标准，以确保船舶在各种环境条件下的安全性。这些标准涵盖了船体结构、火灾安全、救生设备、通信设备、导航设备、载重能力、稳性等方面。

（3）船员的安全和培训：SOLAS 公约规定了船员的最低安全要求和培训要求。这包括救生技能、火灾安全培训、应急情况下的行为准则等。船员必须具备适当的培训和证书才能在船上工作。

（4）货物安全：SOLAS 公约规定了运输货物的安全要求，包括货物的装载、固定、分配和卸载。这些要求旨在确保货物在船舶上的安全运输，防止货物的移动或危险品的泄漏。

（5）危险品运输：SOLAS 公约对危险品的运输提出了严格的要求，包括标记和包装、货物分类、运输文件和通知、危险品仓储等。这些要求旨在减少危险品运输对船舶和船员的潜在威胁。

（6）船舶检验证书：SOLAS 要求船舶获得适当的船舶检验证书，证明其符合公约的规定。这些检验证书包括安全检验证书、消防安全系统检验证书、适航证书等。

（7）港口国控制：SOLAS 公约授权各国对进入其港口的外国船舶进行检查和控制，以确保这些船舶符合公约的要求。这些检查可以包括船舶的结构、设备、文件和船员的证书等方面。

总体而言，SOLAS 公约的目标是确保船舶和船员在海上的安全。通过规定船舶的安全要求、船员的培训和船舶的操作标准，SOLAS 公约促进了全球海上安全的提高。

（三）国际防止船舶造成污染公约（MARPOL73/78）

1.公约的产生

在 20 世纪初期，人们开始逐渐关注海上人命安全的重要性，然而对于环境问题的关注却相对较少。国际海事组织（IMO）在防止海洋污染方面所扮演的角色也相对较小。直到 1967 年，英吉利海峡发生了一起严重的油污染事故，引起了人们对保护海洋环境的广泛关注。这一事件让人们认识到船舶排放的油类和有害物质是海洋污染的重要原因。为了应对这一问题，于 1973 年 11 月 2 日召开了国际防止海洋污染大会，会议通过了 MARPOL 1973 公约。这一公约的目标是规范船舶的排放行为，以减少对海洋环境的污染。然而，在 1976 年至 1977 年期间，发生了多起油船污染事故，进一步加深了航运界对船舶安全和防污染问题的关注。这些事件的发生促使国际海事组织采取更加紧迫的行动。于是，在 1978 年 2 月 17 日，IMO 通过了 MARPOL 1978 年议定书，该议定书于 1983 年 10 月 2 日正式生效。这一议定书进一步加强了对船舶排放和污染物处理的要求，以保护海洋环境。

而在 1983 年 7 月 1 日，中国也加入了 MARPOL 公约，与公约生效日期同时成为公约的一员。中国的加入进一步扩大了公约的影响范围，也展示了中国对保护海洋环境的承诺。

2.MARPOL73/78 公约的主要内容

MARPOL 73/78（国际海上油污染防治条约）是全球最重要的国际海事环境公约之一，其目标是降低向海洋和大气中排放污染物的水平，保护海洋生态系统的健康和生态平衡。该公约的首要目的是消除向海洋排放油类和有害物质所引起的污染。通过设立严格的规定和标准，MARPOL 公约确保船舶在处理和处置污染物时采取适当的措施。其中包括船舶的油污水处理系统和垃圾处理系统的要求，以及规定了油舱清洗、固体废物处理和污染源监测等方面的标准。这些规定旨在最大限度地减少对海洋环境的不利影响，并保护海洋生物和生态链。

缔约国还有责任对注册在本国的船舶执行公约要求。他们必须确保船舶配备必要的设备和系统，以符合公约的要求，并对船员进行培训，使其了解和遵守公约的规定。此外，缔约国还应该建立有效的监管和执法机制，以确保公约的有效实施，并对违规行为进行处罚。

MARPOL73/78 诞生之初，由 1973 年公约、1978 年议定书和 5 个附则组成。随着 1997 年议定书通过，公约附则增加到 6 个。这 6 个附则又是 6 个单项规则，分别对船舶排放的有可能造成海洋污染的 6 种物质制定了详细的规范。6 个附则的名称和生效时间见表 1-1：

表 1-1　附则名称和生效时间

附则名称	生效时间	缔约国数量	对我国生效时间
附则一防止油类污染规则			
附则二控制散装有毒液体物质污染规则	1983.10.02	150	1983.10.02
附则三防止海运包装有害物质污染规则	1992.07.01	135	1994.12.13
附则四防止船舶生活污水污染规则	2003.09.27	127	2007.02.02
附则五防止船舶垃圾污染规则	1988.12.31	141	1989.02.21
附则六防止船舶造成空气污染规则	2005.05.19	62	2006.08.23

（四）1978 年海员培训、发证和值班标准国际公约（STCW1978）

1. 公约的产生

1960 年，国际海上人命安全外交大会提出了一项重要的呼吁，即加强海员的教育培训。会议认识到，大多数海事事故都是由人为的过失所致，而不是船舶本身存在问题。因此，为了减少海上事故的发生，必须着重关注海员的素质和能力。为了实现这一目标，国际海事组织制定了一系列公约，主要关注船舶的设计和设备规定。然而，尽管船舶的安全性得到了重视，但海员管理方面却存在着许多不足之处。各国政府对海员培训和值班标准的要求存在差异，缺乏统一的准则。为了解决这个问题，国际海事组织致力于制定国际公约，以提高海员的素质并确保航海的安全。在 1978 年，他们通过了一项重要的国际公约，即《海员培训、发证和值班标准国际公约》。该公约的目标是确保海员接受适当的培训和教育，并达到一定的标准，以胜任他们的工作。

对我国而言，该公约于 1984 年 4 月 28 日正式生效。这意味着我国必须根据公约的规定来制定相应的海员培训和值班标准，以确保我国海员的素质和能力达到国际水平，并为航海安全做出贡献。

2.STCW 公约的主要内容

STCW 公约是指国际海事组织（IMO）制定的《关于船员培训、考核和获得适任证书的国际标准》公约。该公约旨在确保全球船员的培训、考核和获得适任证书的标准化，并促进船员的安全和保护。

以下是 STCW 公约的主要内容：

（1）培训标准：STCW 公约规定了各级别船员的培训标准，包括航海、工程和通信等方面的知识和技能。这些标准确保了船员具备必要的知识和技能，以执行其工作职责并应对紧急情况。

（2）适任证书：根据 STCW 公约，船员必须获得适当的适任证书，以证明他们已满足相关培训和标准要求。适任证书的类型和级别根据不同的职责和船舶类型进行分类，如船员、船长、机工等。

（3）培训机构认可：STCW 公约要求各国建立和维护认可的培训机构，以确保培训机构提供的培训符合公约规定的标准。培训机构需要满足特定的教学设施、教师资质和培训计划等要求。

（4）船舶监督：STCW 公约强调船舶拥有国的责任，确保船舶配备和维持适当的船员，并对船员的工作和值班制度进行监督。这包括确保船员的工作和生活条件符合国际标准，以及船舶在安全和人员保护方面的合规性。

（5）培训记录和证书的有效性：STCW 公约要求船员和培训机构保持准确的培训记录，并确保适任证书的有效性。这有助于跟踪船员的培训历史和证书更新情况，并提供准确的信息用于雇佣和监管。

第三节 航海教育的质量保证

一、稳定教师队伍、提高教师素质是提高航海教育质量的关键

确保和提升航海教育质量，必须建立一个稳定且具备高素质、高水平的高等航海教育师资队伍。

（一）高薪养师，稳定教师队伍

教师队伍的稳定对于航海教育至关重要。教师应该将航海教育视为首要职责，而不是将其看作第二或第三职业。很多教师因为个人发展的原因而选择离职或跳槽，导致教师队伍的流失和不稳定。虽然人才流动是不可避免的，但需要思考为什么没有更多航海领域的精英人才涌入航海教育领域。

中国香港和新加坡是两个成功的例子，它们通过高薪和廉政监督或严格的法制来保持教育行业的廉洁，取得了明显效果。为了稳定教师队伍、留住人才并激励教师的积极性，航海教育界在精神和物质上都必须采取激励措施。在航海教育中，高薪养师具有重要意义，是实现百年大计和提高教学质量的关键。只有提供具有竞争力的薪酬和良好的福利待遇，才能吸引更多的优秀人才加入航海教育领域，并鼓励现有教师继续从事这一职业。

此外，航海教育界还应该提供广阔的发展机会，包括专业培训、学术研究支持和职业晋升等。教师应该有机会不断提升自己的知识和技能，保持与行业发展的同步。同时，鼓励教师参与学术研究和创新实践，为航海教育带来新的思路和方法。通过这些激励措施，航海教育可以吸引更多有才华和热情的人才，建立一个稳定且具有活力的教师队伍。

（二）丰富实践经验，提高教师专业素质

教师队伍建设是航海教育质量至关重要的关键因素。在航海教育中，教师的角色不仅仅是知识传授者，更是学生学习航海理论和实践技能的引路人。需要拥有扎实的理论知识和丰富的实践经验的教师团队。持有相关资格证书

的教师，拥有系统而专业的航海知识，能够有效指导学生的学习和训练。这些教师不仅了解最新的航海发展动态，还能将复杂的理论知识转化为浅显易懂的教学内容，帮助学生更好地掌握。航海教育的目标之一是培养具备实际操作能力的航海人才。教师如果有丰富的实践经验，能够向学生分享实际航行中遇到的挑战和解决方案，这对于学生的学习意义重大。实践经验不仅可以提高教师的教学质量，还能为学生打开一扇与实际航海工作紧密结合的大门。一些单位将创收放在首位，以牺牲教师的福利为代价，扣除教师的工资并征收管理费用，导致教师不愿意参与实际航行。这样的情况对教师队伍建设产生负面影响，也不利于学生的学习。因此，管理层需要转变观念，制定合理的政策，为教师提供更好的上船条件和福利待遇。

一方面，管理层应该对教师上船提供更多的支持和鼓励。可以通过设立奖励机制，表彰在船上表现优秀的教师，激励其他教师参与进来。同时，要为教师提供全额工资和福利待遇，确保他们在实际航行中能够得到应有的待遇和保障，这样才能真正吸引更多优秀的教师参与到航海实践中。

另一方面，管理层还应该拓宽教师学习、交流、培训和深造的渠道。可以组织航海教师的专题研讨会和培训班，邀请业界专家和资深航海人员进行经验分享和指导，提高教师的专业水平和能力。此外，还可以鼓励教师参加国内外的学术交流活动和访问学者项目，开阔他们的视野，增长他们的见识。

二、深化教材改革，提高教材质量

（一）教材的使用目的要明确

在编写一本教材前，编写目的一定要搞清楚。航海专业教材的编写应当注意以下关键点，以满足教师和学生的需求：

第一，照顾初次上课的年轻教师。教材应提供清晰的教学指导，帮助初次上课的年轻教师更好地组织课堂和传授知识。它应包含教学大纲、教案示例、教学建议和提示，帮助教师在教学过程中更加自信和专业。

第二，紧密结合航海实践。教材内容应与现实的航海实践密切相关。它应涵盖最新的船舶设备、导航技术、通信系统和安全要求等领域的知识。这将使学生能够在校期间学习到与实际航海工作相关的最新知识，毕业后能够迅速适应行业发展并应用所学知识解决实际问题。

第三，考虑不同教学层次和应试需求。教材应兼顾本科和专科教学的要求，旨在为不同层次的学生提供有针对性的知识和技能培养。此外，它还应该满足目前航海专业学生的应试需求，包括准备国家船员适任考试和评估。教材的编写需要全面覆盖《中华人民共和国海船船员适任考试和评估大纲》的内容，以确保学生和社会考生都能够应对考试的要求。

编写满足上述要求的教材是一项复杂而重要的任务。它需要教育专家、航海专业人士和相关领域的专业人员共同合作。教材应经过严格的审查和更新，以保持与时俱进，与航海行业的发展保持一致。通过提供全面、实用和适应性强的教材，能够更好地满足教师和学生的需求，促进航海教育的质量和发展。

（二）建议强化和增加的内容

人们对航海安全的要求越来越高，国际海事组织（IMO）以及各个航海国家都在积极努力提高航海安全水平。面对这一趋势，航海教育界应该密切关注航海安全的发展，并及时做出反应。在编写教材时，需要充分考虑 97 规则的实施要求以及与海事局《考评大纲》的关系。特别要关注船舶消防和船舶救生等重要内容，并编写相应的教材，引起任课教师的重视。毕竟，船舶消防和船舶救生设备是船舶甲板设备的重要组成部分，因此需要由经验丰富的专业教师进行讲解。将船舶消防设备和船舶救生设备编入《船舶结构与设备》教材可以增强学科的完整性，并方便学生在工作中查阅相关内容。这样做不仅可以提高学生的航海安全意识，还可以培养他们在实际工作中应对紧急情况的能力。

此外，船舶的 PSC（港口国控制）检查是一个国际性的话题，航运国和高级船员都非常关注如何更好地迎接港口国的检查。因此，在教材中增加有关 PSC 检查的具体检查和指导内容非常必要。这样，高级船员可以充分认识和重视 PSC 检查，从而确保船舶安全工作得到有效执行。

三、改变教学思路，提高动手能力

航海专业学生，经过几年的学习之后，一到船上工作就有四面八方的意见反馈回来，"你们的学生动手能力差"，为什么？

（一）培养高级船员，也应注重基本技能的强化

目前存在的问题是，学生在船舶工作中的实际动手能力不足，无法满足船长和水手长对他们的要求。这种情况有多个原因之一是学生缺乏实际操作能力，他们并不清楚应该如何去做。当学生初次上船时，他们从事的是一些最基本的工作，如安装安全网、处理缆绳、操作起重机和操纵舵等。这些基本工作是每个船员都应该熟练掌握的。

然而，目前的航海高等院校更注重培养驾驶员和轮机员，而忽视了学生在最初阶段需要掌握的基本工作技能。教学的重点似乎只放在培养高级船员上，而忽略了基本技能的教授。应该重新思考教学的方法，并注重培养学生的基本功。即使是在培养高级船员的过程中，也要重视基本技能的教授。学生应该在上船之前接受充分的实践培训，以确保他们具备完成基本任务所需的技能和知识。在教学中，应该采用实践导向的方法，提供模拟训练和实际操作的机会，让学生亲自动手，逐步掌握必要的技能。

此外，学生应该被鼓励参与到各种实际工作中，通过实际操作来提高他们的技能水平。教师和导师应该密切关注学生的进展，并提供必要的指导和反馈。只有通过不断的实践和反思，学生才能真正掌握船舶工作的技能，提高他们的实际动手能力。

（二）加大基本设备投入，加强动手能力的培养

教学设备跟不上、学生实践机会太少是影响学生动手实践能力提高的主要原因。为了改善这一情况，需要投资并提供适当的设备和器材，如锚设备、装卸设备、船舶工作设备和模型，以便为学生提供操作和练习的机会。通过拥有这些设备，学生将能够亲自动手，实践他们在课堂上学到的理论知识。为了进一步培养学生的动手能力，应该增加学生上船实习的机会。通过参与实践活动，学生将有机会应用他们所学的技能，并在实践中提高他们的动手

能力。这些实习经历将为学生提供宝贵的机会，使他们能够更好地理解和应用所学的知识。

除了提供实践机会，还可以制作相关的 CAI 课件，用于教学、认识或模拟操作练习。计算机辅助教学将为学生提供一个虚拟的实践环境，使他们能够在没有实际设备的情况下进行模拟实验和操作练习。这将为学生提供更多的机会来练习和巩固他们的动手能力。

最后，为了解决学生动手能力差的问题，应该从最基本的训练开始。这意味着，需要为学生提供必要的基础培训，确保他们掌握基本的动手操作技巧。通过逐步提高难度和复杂性，可以帮助学生逐渐提高他们的动手能力，并使他们更加自信和熟练地应对各种实践任务。

四、切实搞好考试和评估，促进航海教育质量的提高

（一）考评内容应紧密结合实际，使航海教育有的放矢

国家海事局通过进行适任考试和评估来测试和评价船员在航海职业方面的能力。这些考试和评估应该包含合理范围的内容，真实地反映实际情况，并避免包含偏僻、牵强、无意义的内容以及刁钻的要求。为了确保船员接受到实际需要的知识和技能，任课老师应该密切结合航海实际进行教学。他们应该专注于教授与航海职业密切相关的内容，避免浪费时间去讲授与航海实际无关的内容。教学的目标应该是学以致用，确保船员在实践中能够灵活应用所学的知识和技能。

国家海事局应该确保适任考试和评估的内容与实际工作要求相匹配，不仅考察船员的理论知识，还应考察他们在实际操作中的应用能力。这样，通过这些考试和评估，可以更好地筛选出适合航海职业的合格船员，提高航海安全和工作效率。

此外，国家海事局还应该定期更新考试和评估的内容，以适应航海领域的发展和变化。航海行业是一个不断演变的行业，新技术和新要求不断出现。因此，适任考试和评估应该与时俱进，确保船员的能力和素质与最新的要求相匹配。

（二）考试卷面形式应更严肃，考点分布应更具科学性

中华人民共和国海船船员适任考试是一项全国性统考，其具有严肃性、权威性和典范性的特点。然而，以往的考试存在一些需要改进的地方，包括试题的书面形式、内容安排和命题的重点。

首先，在试题的书面形式方面，需要分类清楚、排列整齐，避免出现杂乱无章的分布。这样做可以提高考生对试题的理解和解答的效率，减少因理解错误而导致的失分情况。

其次，在命题的内容和知识点分布上，应有严格的计划性。重点考核应与船舶工作实践相关、易出错和常用的内容，这样可以更好地评估考生的实际应用能力和解决问题的能力。同时，重要的内容不应出现空白，无实用价值的内容也不应频繁出现，以充分利用考试的篇幅。

最后，考试的题库应及时添加或更新最新的公约、法规、新设备、新技术和新内容，以确保题库的质量和时效性。船舶行业的发展日新月异，只有紧跟时代步伐，才能确保考试的有效性和准确性。

改进考试的方式将有助于提高航海教育的质量，使教师和学生在全面学习的同时能够有所侧重。通过改善考试的内容和形式，可以更好地培养船舶人才，促进他们全面发展和适应行业的需求。这将有助于提升海船船员的素质和能力水平，推动我国海事事业的发展。

（三）考评大纲应与教学、航海实际协调统一

在使用现行《中华人民共和国海船船员适任考试和评估大纲》的过程中，发现存在一些不够合理的情况。举例来说，在二、三副理论考试的《船舶避碰与值班》考纲中，考试内容包括《船舶操纵》，然而对于"恶劣天气下的操船"这一内容，却在传统考试中被删除了，这样的决定并不妥当。大风浪中的操船和避离热带气旋的船舶操纵是每一个驾驶员都应当掌握的操船技术，在航行实践中也是经常面对的一个问题，而二、三副都是独立航行值班的驾驶员，在任何情况下，他们都对保证船舶的安全航行有着不可推卸的责任，因而二、三副必须掌握如何在恶劣天气下操船，否则对船舶的航行安全极为不利；在评估当中，不太合理的地方较多，如在无限航区的船长的《航

次计划》评估规范中，要求评估船长阅读普通的航用图书资料、预画计划航线等，这很明显和航海实际严重脱节，极不合理。①

第四节　航海教育与培训存在的问题及发展建议

中国的航海教育规模和学生培养数量大幅增加，但同时也面临一些问题。这些问题包括职业理念和择业观念的改变、船员就业环境的变化、考证率和上船率的下降。即使一些学生能够找到上船的工作并通过考试，他们的岗位适应能力与航运企业的要求之间存在差距。因此，中国的海员队伍建设任务十分艰巨。

根据美国皮尤研究中心发布的预测报告《工作和职业培训的未来》，可以分析中国航海教育与培训所面临的主要问题，并探讨航海院校及培训机构、航海专业学生以及海员职业认证的发展趋势。基于这些分析，可以提出以下关于中国航海教育与培训的发展建议。

首先，航海院校及培训机构应该与航运企业加强合作，以确保培养出的学生能够具备实际工作所需的技能和知识。这可以通过建立实践导向的教育模式，加强实习和实训环节来实现。此外，院校和培训机构还应积极引进最新的航海技术和设备，以确保学生能够跟上行业的发展趋势。

其次，航海专业学生应该注重全面发展，不仅要学习航海相关的知识和技能，还应该培养良好的团队合作能力、沟通能力和问题解决能力。这些软技能在现代航海职业中同样至关重要，因此学生应该在学习期间注重综合素质的培养。

最后，海员职业认证体系应该与国际接轨，并且应该注重实际工作能力的评估。除了传统的理论考试，考核体系还应包括实际操作技能的测试，以确保海员在实际工作中能够胜任各种职责和任务。

---

① 郭丰田，宫春玲.影响我国航海教育质量的几个问题的思考[J].航海教育研究,2002（2）：44-46+56.

一、我国航海教育与培训存在的主要问题

（一）航海院校及培训机构众多，招生数量逐年下降

目前我国航海院校开展硕士培养的学校有 12 所，开展本科培养的有 23 所，开展高职培养的有 56 所，形成了多层次办学的结构；同时开展海员职业培训的机构也较多，具有轮机长培训资格的有 31 所，具有大管轮培训资格的有 37 所，具有三管轮培训资格的有 73 所，具有技工培训资格的有 93 所。[①] 根据中华人民共和国海事局公布的数据显示，2017 年较 2016 年航海各专业、各层次招生人数呈明显下降趋势。表 1-2 列举了 2016—2017 年海船船员教育培训机构航海类各专业、各层次的招生情况。

表 1-2　2016—2017 年海船船员教育培训机构航海专业招生人数 / 人

培养类型 \ 专业 年	船舶驾驶		轮机工程		电子电气		合计	
	2016	2017	2016	2017	2016	2017	2016	2017
本科	2665	2288	2682	2276	479	538	5826	5102
大专(高职)	4513	3644	2857	2312	562	459	7932	6415
中专	799	728	388	307	0	0	1187	1035
两年制	235	150	125	54	0	0	360	204
非航海类工科	17	10	13	13	0	0	30	23
合计	8229	6844	6065	4962	1041	997	15 335	12 803

注：数据来源于中国海事局网站

在提前批招生中，航海专业的录取分数较低，这导致选择该专业的学生主要出于获得本科文凭的目的，而非追求从事海上运输相关工作。学生普遍缺乏积极性和主动性，他们的考证率和上船率相对较低，从而降低了航海专业本科生的教育质量。由于这些问题的存在，航海类高职院校面临着招生困难的局面。

根据表 1-3 所示，从 2012 年至 2017 年，我国航海类院校及培训机构的招生规模一直呈下降趋势，其中中专和两年制培训船员的招生数量下降幅度最为显著。具体而言，相较于 2012 年，2016 年的招生规模下降了近 50%；

[①]　中华人民共和国海事局. 海船船员培训机构查询 [EB/OL]. [2018-06-20]. http://cyxx.msa.gov.cn/lycx/pxjglycx!queryPxjgxx.action.

而在 2017 年，相较于 2016 年，招生人数下降了 16.5%。值得注意的是，这一招生总数增长的主要原因是增加了电子电气专业的招生。

表 1-3　2012—2017 年海船船员教育培训机构航海专业招生人数 / 人

专业名称	2012 年	2013 年	2014 年	2015 年	2016 年	2017 年
船舶驾驶	15 654	11 912	9321	8193	8229	6844
轮机工程	12 192	9940	7832	6767	7106（1041）	5959
电子电气	——	——	——	——	1041	997
合计	27 846	21 852	17 153	14 960	15 335	12 803

注：数据来源于中国海事局网站

（二）学生就业多元化，上船意愿低

随着国内社会经济的发展，海船船员的吸引力减弱，就业市场饱和，初入行的学生待遇困境。航海专业学校对航海文化传承不足，学生对船上工作的兴趣降低，缺乏对船员资格证书的重视。海船船员工作环境艰苦，与家人分隔、面临孤独和思乡，还有恶劣天气和长时间工作等挑战。学生倾向于在岸上寻找就业机会，避免激烈的竞争和不确定的未来。饱和的就业市场、艰苦的工作环境、航海文化传承不足以及竞争激烈的就业市场是导致学生对上船就业兴趣降低的主要因素。需要加强航海专业学生对航海文化的教育，提高对船员资格证书的认识，并改善船员的工作环境，以吸引更多学生选择上船就业。详见表 1-4。从数据可以看出，只有不到 10% 的学生选择了上船就业这一选项。

表 1-4　重庆交通大学 2016—2018 年轮机工程专业大证报考率和上船就业率

毕业年	年级总人数/人	报名考证人数/人	报考率/%	航运公司就业人数/人	上船就业率/%
2016	122	53	43.4	26	21.3
2017	123	36	29.3	15	12.1
2018	124	18	14.5	9	7.3

表 1-5 为重庆交通大学轮机工程专业三个方向 2018 年就业情况。从表 4 可见，航海专业大学生就业呈现多样化的特点，跨专业就业现象突出。学生很少选择加入航运公司就业，而选择与专业无关的公司、考研、考公务员或自主创业。航运公司可以通过提供有吸引力的薪酬和福利、职业发展机会、培训计划等措施提高行业吸引力，吸引学生就业。同时，航运公司可以与学

校合作，开展实习项目和校企合作，让学生亲身体验航运行业的工作环境和职责，增加他们对该行业的兴趣。主管机关和学校应优化航海教育资源的利用，确保教学内容与航运行业需求匹配。与航运公司合作，了解行业趋势和技术发展，并将其纳入教学，培养学生具备与行业需求相适应的技能和知识。主管机关和学校可以通过行业讲座、职业展示和就业指导等活动，增加学生对航运行业的认知和兴趣。企业单位和主管机关、学校应共同努力，提高航运行业的吸引力，优化航海教育资源的利用，实现航运行业和学生之间的良性互动，促进行业发展和学生就业的匹配。

表 1-5　重庆交通大学轮机工程专业 2018 年就业情况

专业	班级总数/人	考研/人	考公务员/人	航运公司/人	与航运有关公司/人	其他公司/人	自主择业/人	自主创业/人
轮管班	36	2	3	5	20	3	2	1
卓越班	30	7	3	1	1	17	1	0
动装设计	54	3	5	3	15	27	1	0

（三）航海教育资金投入没有有效用于高素质海员培养

航海教育历来是高投入行业，各种模拟器、实验设备、机械设备、教学及实验器材等价格不菲。国家为培养高素质航海人才不断加大办学经费的投入。而调查可见，近年来航海专业毕业生上船就业率呈下降趋势，一部分学生选择陆上就业或考研、出国等[①]，因此，国家在航海教育上的巨额投入没有真正有效用于高素质海员培养。

（四）学生对专业课程学习动力不足

学校的学习资源主要集中在海员教育培训课程，这一点已经被广泛认可。然而，这也导致了一个问题，即一些学生并不打算从事海员职业。对这些学生来说，他们可能觉得所学的知识在未来转行后将毫无用处，这对整个学习氛围产生了负面影响。

学生学习积极性不高的原因与他们选择海上专业时的动机有关。他们选择这个专业并不是出于个人兴趣的驱动，而是被其他因素所左右。此外，学校提供的教学资源相对单一，无法满足不同学生的就业需求。这种情况也会

---

① 姚文兵，王庆名，强建中.航海专业毕业生就业选择和职业现状调查报告[J].航海教育研究，2017（1）：1-8.

使学生缺乏学习动力，因为他们可能觉得所学的知识无法为他们未来的职业发展提供足够的支持。另外，学校培养的重点似乎过于强调基础理论，而未能注重培养社会所需要的创新性和实践性知识与能力，这也是学生学习积极性不高的一个原因。

学校应该意识到这些问题，并采取相应的措施来改善学习环境。首先，学校可以扩大提供的学习资源范围，不仅局限于海员教育培训课程，而是多样化课程设置，以满足不同学生的需求。这样一来，学生将更有可能找到自己真正感兴趣的领域，并更积极地投入学习。其次，学校应该重视培养学生的创新性和实践性知识与能力，这将有助于他们在未来的职业生涯中更好地适应社会需求。

为了实现这些目标，学校可以通过多元化的教学方法和实践性的学习项目来提供更丰富的学习体验。例如，引入实践课程、实习项目和项目驱动的学习，以使学生能够将所学知识应用于实际情境中，并培养解决问题和创新的能力。此外，学校可以与相关行业合作，建立实践基地或提供职业指导，以使学生能够更好地了解和适应实际工作环境的要求。

二、航海教育和培训的发展趋势分析

（一）未来航运业人才需求和国内海员职业的发展趋势

先进航海设备的应用范围不断扩大，导致无人驾驶船舶的实现成为现实，并为航海领域带来了深远影响。船员需要获得更广泛的科技应用和操作能力，以便熟悉最新的航海设备，并能够应对复杂的航行情况。海洋环境的复杂性不断增加，因此对海洋环境保护的重视程度也随之提高，国际社会加强了相关法规和规范的制定。未来，船员需要具备更高水平的适应能力，以应对不断变化的环境，并致力于保护海洋生态系统的完整性。创新能力已成为船员必不可少的素质要求，他们必须积极应对新技术的引入和应用，并提出改进航海操作的创新方案。人工智能技术的兴起导致船员数量减少，航运公司倾向于采用自动化系统和人工智能技术。加强船员与人工智能系统之间的协作，并确保他们熟悉操作人工智能系统。未来的航海人员需要具备科技应用和操作能力、适应能力、创新能力以及对环境保护的意识。航海人员必须适应无人驾驶船舶和海洋环境的变化，同时掌握人工智能技术，以应对未来可能面临的挑战。

随着我国社会经济的发展，海陆收入和福利待遇水平逐步接近，中国海员持续减少，我国也必然走出海员输出大国的行列。根据海事局公布数据，2017年完成海船船员适任考试90929人次，签发各类海船船员适任证书57765本，同比分别减少14.5%和71.7%①，国内海员职业未来整体从业人数将逐年减少。如果能将目前有限的航海教育资源用于有志于从事海员职业的这部分学生培养，将有助于建设高素质的海员队伍，增强在国际海员市场的竞争力。

（二）航海学校、培训机构的发展趋势

皮尤研究中心和伊隆大学的畅想互联网中心是两个重要的美国独立民调机构，它们专注于开展民意调查、人口统计、内容分析以及基于数据的社会科学研究。这两个机构曾联合撰写了一份名为《工作和职业培训的未来》的预测报告，旨在展望未来工作和职业培训领域的发展路径。

该报告指出未来教育培训将会发生如下变化：学习系统在线迁移，线上、线下教育混合发展；AI（人工智能）、VR（虚拟现实）、AR（增强现实）技术推进在线课程发展；形式和内容以个性化和多元化为主。而学习者将重视难以传授的无形技能（创造力、批判性思维等）；学徒制与实践指导形式重新获得价值；最重要的技能是学会学习和持续学习；职业认证发生变化，创建新型认证系统以认证员工的培训和技能，改变以学位和证书为基础的认证系统。② 随着社会经济和互联网技术的发展，我国航海教育也必然面临巨大转型。

尽管未来本科院校将仍然继续招收学生，但很多学生选择进入该专业学习并非出于对航海的热爱，而只是为了获得本科毕业证书。与此同时，高职

---

① 中华人民共和国海事局.2017年海船船员适任考试与发证情况[EB/OL].[2018-06-20].http://www.msa.gov.cn/html/xinxichaxungongkai/gkml/sjzx/ton-gjishu-ju/20180625/DF7F6E1B-1D2C-491D-82CC-6F28F54B330C.html.

② 潘天君,欧阳忠明.人工智能时代的工作与职业培训:发展趋势与应对思考——基于《工作与职业培训的未来》及"云劳动"的解读[J].远程教育杂志,2018,36（1）:18-26.

招生将逐渐减少，导致越来越多的学生不再选择航海服务作为职业发展方向。然而，应该认识到航海对某些学生仍然具有吸引力，因此，如何培养那些有意愿进入航海行业的学生并将其打造成为高素质的海员，这是学校和培训机构必须思考的问题。面对这种情况，学校和培训机构将面临重新调整的挑战，需要决定是坚持航海特色教育还是主动适应时代的变化、积极进行转型并整合资源。这将成为航海类院校和培训机构不得不面对的关键问题。

（三）职业认证体系的发展趋势

选择上船的学生和船员数量减少导致考试参与人数分散化的现象。现行的集中式考试发证系统也增加了人力成本。为了解决这些问题，航海职业培训的未来之一是开发基于云技术的在线职业认证系统。种系统将提供更灵活和便捷的认证方式，同时降低考试和证书颁发的成本，更好地适应行业和学生的需求。

三、航海教育与培训的发展建议

（一）学校培养目标多元化，创新航海培养模式

教育的发展需要与社会变革相适应，以培养具备当前和未来社会经济所需能力的学习者。仅仅追求单一的培养目标已经无法满足就业市场的需求，因为学生在所学知识与社会应用之间存在脱节，缺乏针对性培训，导致他们对学习失去了兴趣。为了实现教育的可持续发展，需要深入研究当前专业领域的就业趋势，并拓展学生的就业渠道。这可以通过提高专业教育的适应能力来实现，使学生具备灵活性和多样性，能够适应不断变化的社会需求。

航海教育的培养途径如图1-4所示。在航海教育方面，可以通过从大三开始分流的方式来培养学生。学生可以选择学习陆上的专业知识，以便在航运业以外的领域找到就业机会。另外，他们也可以选择进入航运企业学习，从事与海洋相关的实践工作。为了提供更全面的教育体验，学生可以通过在线开放课程来学习航海理论知识。这种学习方式可以使他们灵活安排时间，并从全球范围内的优质教育资源中受益。此外，学生还可以通过学徒制度来跟随经验丰富的导师学习实践课程。完成学徒期后，他们将获得学校颁发的

毕业证书以及海事主管机关颁发的适任证书。为了提高学生的学习积极性，那些有意从事海员职业的学生可以获得学费减免和船上工资。这样的激励措施将为他们提供更多的动力，以便更好地投入学习和实践中。

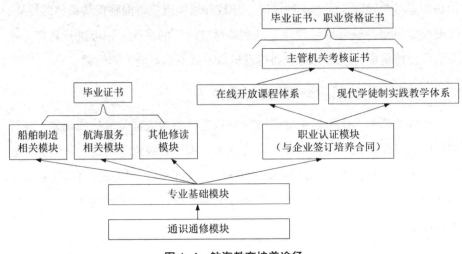

图1-4 航海教育培养途径

（二）建立基于在线开放课程的理论教学体系

在当前的"互联网+"时代，船舶上的上网将变得越来越普遍，这为船上的学习系统带来了新的发展机遇。船上的学习系统可以通过在线迁移与线下教育相结合，实现更灵活的学习方式。在线开放课程和在线培训课程将取得重大成就，内容和形式将以个性化和多元化为主要特点。学生可以根据自己的需求和兴趣选择不同的课程进行学习，这将为他们提供更广泛的学习机会。

在船上进行理论学习主要依赖于在线开放课程。主管机关和学校指导教师可以通过跟踪学生的学习情况，并进行数据分析，以检测学习效果。这种实时监测和反馈机制可以帮助学生更好地调整学习进度和方法。为了提高学生的学习积极性，可以建立一个"学分银行"系统。学生在学习完相关知识点并通过考核后，将获得相应的学分。当学生达到学校规定的学分要求时，将颁发毕业证书，这将成为他们在航海职业中的重要凭证。海事主管机关将对完成相关知识点学习并达到培训要求的学生，给予参加考试资格，并颁发职业资格证书。这将确保学生在船舶行业中具备必要的专业素养和能力。

对于那些无法上船的学生，学校应该充分利用互联网资源，开发网上学习资源和"新工科"课程，或者购买成熟的在线开放课程。这样，这些学生也能够获得与航海相关的知识和技能。学校可以跨学科设置学习资源，学生可以根据自己的兴趣展开课程学习。他们可以利用教学平台和手机 APP 进行学习，提供更加便捷和个性化的学习体验。

（三）建立"现代学徒制"实践教学体系

"现代学徒制"模式要求企业为学员提供准员工身份和实践锻炼的岗位，以师带徒的形式将专业理论知识与工程实践有效结合，最终达到培养学生岗位能力、团队意识、敬业精神的目标。[①]

海事主管机关将主导监督学校、企业和学生签订三方培训合同，并在海事局注册备案，以确保培训的合法性和可行性。为了更好地管理学徒制培训，可以建立专门的"学徒制培训服务中心"，该中心将负责签署培训合同、落实待遇、进行导师考核等具体事项，并提供全程跟踪和保障。在学生完成培训后，他们的教育文凭将标明实习企业的名称。这种做法的目的是提高企业参与职业培训的积极性，同时也让学生在求职时能够展示自己在实习企业所获得的实际经验。企业完成学生培训任务后，海事主管机关将评估学生的技能掌握情况、理论学习情况以及在企业中的表现。合格后，补助金将发放给企业和导师，以鼓励企业提供高质量的培训，并激励导师积极参与学生的教育和培训过程。

（四）主管机关的政策支持

1. 海事主管机关对职业培训的认证

海事主管机关应充分合理地利用"云技术"、VR（Virtual Reality）、AR（Augmented Reality）、MR（Mediated Reality）等新兴技术，建立了一套新型的职业培训认证体系。这些技术为学员提供了与实际工作环境相似的培训体验，帮助他们更好地适应海事行业的要求。主管机关领导开发了基于

---

① 季荣华.基于现代学徒制的校企实践教学研究[J].实验技术与管理,2017,34(11):149-153.

海员培训大纲的在线开放课程。这些课程提供了灵活的学习机会，使学生能够根据自己的时间和需求进行学习。通过在线平台，学员可以获得与海事相关的知识和技能，为他们未来的职业发展打下坚实的基础。主管机关还建立了系统的学徒制在船培训项目。这一举措为有意从事航海职业的学生提供了优质资源。学生有机会在真实的工作环境中学习，并由经验丰富的导师指导。这种实践性的培训方法可以有效地培养高素质的海员，提高他们的技能和专业水平。

2. 改变现行的航海教育补贴方式

为了改善航海教育补贴方式，以下是主管机关制定的关键点。首先，国家将购买实习岗位的方式纳入航海教育补贴计划。国家会与有条件的航运公司合作，购买一定数量的实习岗位，以鼓励更多的船只提供实习机会。这样可以增加学生在实践中的机会，提高他们的职业素养和实际操作能力。主管机关将重点补贴真正有志于从事航海职业的学生。他们将航海教育经费集中用于这部分学生，提供学费减免等补贴措施，以提高学生参与航海教育的积极性和意愿。主管机关还计划补贴那些愿意参与海员培训的企业。通过给予经济支持，可以提高企业参与培训的积极性，增加培训资源的供给。为了促进在职船员带学生的情况，主管机关将提供补贴给愿意担任导师的在职船员。这样的激励措施可以提高在职船员对带学生工作的积极性，并促进导师制度的有效运行。为了确保补贴计划的有效执行，主管机关将加强监督工作。他们会监督享受补贴的学生在船上工作一定年限，确保他们能够充分利用实践机会。此外，主管机关还会监督企业和导师对学生的指导情况，规范校企合作培训过程，并采取措施规范和遏制滥用政府支持资金的行为。

随着社会经济的发展，愿意从事海员职业的学生逐渐减少，航海院校和培训机构面对新形势必须有足够的应对措施，在寻求主动转型、资源整合的时候，也不应丢掉航海特色教育。上船学生数量的减少，也给海员精英化教育提供了契机，主管机关、航海院校应抓住机遇，创新培养模式，强化监管，培养高素质海员队伍，这对我国建设海运强国有深远的意义。①

---

① 何宏康，任亦然. 我国航海教育与培训存在的问题及发展建议 [J]. 航海教育研究，2018，35（4）：31-35.

第二章 航海专业人才培养与教学

第一节 航海专业人才综合素质要求与培养

不少人存在这样的认识误区：航海专业学生日常生活学习的管理模式为半军事管理，生活模式较为单一，职业选择较为固定，只要个人能力能够满足职业的基本要求即可，不需要在综合素质的培养上有过多的思考。而实际上，海员是一种特殊的、具有挑战性的职业，工作具有国际性、国防性、技术性、独立性、即时性等，对从业人员具有相当高的职业素养要求，每个人发挥的作用不可替代。海员不仅要有强健的体魄、娴熟的专业技能，还要具备良好的心理素质、较强的环境适应能力、团队协作能力、多元文化相处的能力和突发事件的应变能力。这些能力的展现就是综合素质的具体体现，并非一朝一夕能够获得，需要航海专业学生有意识地持续养成。

一、航海专业学生的综合素质要求

大学生正处于知识和能力的储备阶段，较高的综合素质对于个人未来的职业生涯发展起着重要的作用。职业虽然没有高低贵贱之分，但是社会职位有高低级之分。从社会职位的分布来说，低级职位在社会上的分布最多，职位层次越高，职位也就越少。职位层次越高的职业要求从业者具备的素质也越高。

航海专业学生的综合素质的主要内容包括高尚的道德情操、丰富的科学文化知识、良好的航海职业能力、良好的身体和心理素质。

（一）高尚的道德情操

美好的道德品质和高尚的道德情操一直是人类不懈的憧憬和追求。作为将来要在"浮动的国土"上从事航海职业的学生，培养高尚的职业道德情操尤为重要，它是航海专业学生综合素质培养的重要内容。

1. 要牢固树立热爱祖国、热爱社会主义的内心自觉

这是远洋海员职业伦理的基本要求。远洋海员常常远离本国领土，在世界各国和地区的不同港口航行，每艘船舶代表着本国的"流动领土"。远洋海员的工作性质涉及经济、政治和军事技术等多个领域。因此，一名远洋海员，必须始终坚守以本国的利益为重要，将本国的利益、尊严和荣誉置于首要位置，无论何时都要将对本国的热爱置于个人思想的首要位置。

2. 要牢固树立"安全第一""安全从我做起"的责任意识

在任何情况下，安全都是开展工作的生命线。为了保证安全航行，海员首先要牢固树立"安全第一"的责任意识，规范自己的职业行为，不能有丝毫的麻痹和松懈，谨慎驾驶，细心瞭望，悉心保养，为船舶的安全航行创造条件。其次要时时记住"安全从我做起"，一方面船舶孤零零航行在海上，安全方面出问题很难及时得到外界的支援；另一方面船舶是一个整体，任何人的安全既依赖自己，也依赖别人。因此，"安全从我做起"就显得十分重要。

所有海员在工作中都要严格按照操作程序以及各项规章制度工作，比如驾驶员、轮机员、水手、机工的交接班程序，不能只顾自己而置他人、他船于不顾。

3. 要牢固树立服从意识，坚守岗位职责

服从命令就是海员在工作中要绝对服从船舶/部门领导的调遣和指挥，保质保量地完成任务。任何企业、船舶、岗位都不会欢迎遇事顶嘴、推诿的职工，我们想在事业上有所进步，就必须成为一个受上级欢迎的职工。当船舶遇到紧急情况时，如台风、火灾、碰撞等，都应无条件地服从指挥，迅速无误地到达指定地点并按要求行动。我国航海院校对航海专业学生实施严格规范的半军事管理，其目的之一就是培养未来海员的服从意识。

坚守岗位职责是指海员在任何时候、任何情况下都要严格坚守在自己的工作岗位上。擅自离岗，可能会导致危险。据统计资料及对交通安全事故的原因分析，海上事故（人命、污染等）80%左右都是由人为疏忽造成的，因此，无论是STCW公约还是海事主管机关公司都有诸多关于坚守岗位、增强责任

意识等方面的规定和要求。比如，负责航行值班的高级海员应"在驾驶台保持值班""在正式交班之前，任何情况下均不得离开驾驶台"，瞭望人员"必须全神贯注地保持正规瞭望，不得从事或分派给会影响瞭望的其他任务"等。

4. 牢固树立团结协作的团队意识

"同舟共济"是远洋海员必须恪守的生活准则。远洋航行存在一定程度的危险性，因此各地乃至全球的个体汇聚于同一船上，以工作、学习和生活为目的。所有海员需共同面对风浪和危险，不仅要战胜自然界的突发袭击，还要应对多样化的意外事件。因此，远洋海员必须培养团结协作的团队意识，相互携手共同面对困难，将船舶视为家园，将其他海员视为亲如兄弟姐妹，齐心协力，才能克服各种困难，应对各种险情，成功完成海上任务。

5. 要牢固树立环保意识

防止污染、保护海洋环境既是道德责任，也是法律要求。目前，国际国内颁布了一系列防污染法规和公约，如《国际防止船舶造成污染公约》《中华人民共和国海洋环境保护法》《中华人民共和国防止船舶污染海域管理条例》《中华人民共和国船舶污染排放标准》《中华人民共和国海洋倾废管理条例》等对防止污染、保护环境进行了明确的规定和要求。

污染环境不仅会对环境造成损坏，更会给公司、船舶和自身造成损失，甚至责任人会承担刑事责任。保护环境，必须常记在心。

（二）丰富的科学文化知识

知识结构是指一个人的知识构成状况，也就是外在的知识体系经过学习者的输入、储存、加工，在头脑中形成的多要素、多系列、多层次的知识组合情况。各种知识互相间结构具有不同的功能，能够完成不同性质的工作。

1. 英语、计算机知识

语言是人们用来交流的工具，也是远洋海员参与国际合作与交流的基本技能。英语成为各国海员之间通用的沟通工具。对一名合格的远洋海员来说，具备流利的英语水平的重要性是不言而喻的。特别是对于中国的远洋海员，尤其是那些被派往海外工作的海员，他们要想在国际竞争中脱颖而出，首要问题就是解决语言交流的难题。

如果远洋海员在语言交流上存在障碍，很容易导致工作不协调甚至产生误解。严重的情况下，这可能导致严重的海难事故发生。因此，远洋海员必须具备良好的英语交流能力，这样才能避免或减少船舶安全事故的发生，并降低船舶滞留的风险。同时，这也有助于为船东争取更大的经济效益，为航运业带来更好的发展机遇。

熟练地使用计算机、互联网已经是一个人的业务水平不断提升的重要手段，每一个积极追求业务进步和美好生活的人都要熟练地在网上浏览信息和查找工作、学习、生活所需要的知识。学会使用计算机，有利于正确操作、使用船上的先进设备。但是应当注意，学习掌握计算机知识，与个别学生沉迷于游戏等虚拟空间有着本质区别。

2. 专业知识

航海工作需要从事者具备精深的专业知识。航海是一项充满挑战性和复杂性的职业，要求从事者了解并掌握航海领域的各个方面。这包括了航海的基础理论知识，如导航、海洋气象、船舶结构和性能等。只有全面掌握这些基础理论知识，航海员才能更好地应对各种航行条件和情况，并做出明智的决策。

此外，航海工作还要求从事者具备专业技术技能。这包括操作和维护航海设备的技能，如雷达、通信设备和自动化系统等。航海技术在不断发展和创新，新的航海应用技术不断涌现。只有持续学习和掌握最新的专业技术技能，航海员才能适应并应用这些新技术，从中获益。

3. 人文社科知识

国际海员工作并不是简单地仅跟船舶、海洋打交道，还会经常与不同国家、不同民族、不同宗教文化背景和风俗的人群交往。因此，具备一定的人文知识，比如历史、文化、国际政治经济形势等是必需的。

作为航海专业学生，要更多地了解中国和世界历史。了解中国的历史，可以增强大学生的民族自豪感；了解世界的历史，可以开阔大学生的视野，加深对不同国家、不同民族、不同宗教文化背景和风俗的理解和尊重。一个具有丰富的人文科学知识的人，更容易交到更多的朋友，更容易形成自己的人格魅力，更容易形成号召力，从而帮助自己更好地成长。

（三）良好的航海职业能力

职业能力是人们从事某种职业的多种能力的综合。具备良好的航海职业能力是胜任航海职业的必备条件，主要包括以下几个方面：

1. 环境适应能力

在航海职业中，从业人员需要具备高度的适应能力。首先，他们必须适应频繁变化的自然环境。航海工作的特殊性要求他们应对各种气候条件、海洋环境和天气状况的变化。无论是狂风暴雨还是寒冷刺骨，航海员必须能够迅速适应并做出相应的反应。航海工作也要求从业人员适应枯燥孤单的海上工作和生活环境。长时间的航行可能导致人们在船上度过几个星期甚至几个月，与外界的联系被大大限制。这种孤立和单调的环境需要从业人员具备良好的心理适应能力，以保持积极的心态和高效的工作表现。

为了增强适应能力，航海人员可以采取一些方法。首先，保持强健的体魄是至关重要的。通过均衡的饮食和充足的睡眠，他们可以提高身体的抵抗力和应对能力。其次，掌握运动保健知识，进行科学的身体锻炼，可以增强身体的适应性和耐力。此外，养成良好的生活习惯，如定期锻炼、保持良好的卫生习惯和充足的休息，也是关键。航海人员还应该建立自我调节能力。面对各种压力和困境，他们需要学会调整自己的情绪和心态，以保持冷静和专注。同时，丰富的生活经验也能够提高适应性，因为通过经历不同的情境和挑战，人们可以更好地适应和应对未来的变化。

2. 语言表达能力

对航海专业学生来说，语言表达能力的重要性是不言而喻的。船舶上的工作大多是集体工作，需要人与人之间的配合。要使人与人之间能够相互配合、协调开展工作，就需要用语言表达来传递各种指令。因此，对于海员语言表达准确是尤其重要的。如果海员语言表达不准确，发出的指令不明晰，就很容易造成对方听不清或理解错误，从而酿成事故。

作为在校学生要积极争取在校学习的机会锻炼自己。学习讲话要注意以下几点：一是认真准备内容，把内容与情境有机结合，说适合情境的话；二是做好情绪控制，既不能战战兢兢、无所适从，又不能高谈阔论，冲动过激；三是语气要讲究"诚、敬、定"三字。所谓诚，即语气要诚恳，让人感觉可信；

所谓敬,即语气要客气,让人感觉可亲;所谓定,即语气要坚定,让人感觉可依。语速要讲究"缓急适度"四字,既不能太急,更不能太缓,太急让人感觉不自信,太缓又让人感到无力、啰唆。用词要讲究"准、礼、正"三字。所谓准,就是准确表达意图;所谓礼,就是不能说粗话,更不能说对人不礼貌的话;所谓正,就是要正面表达意图,不要使用讽刺挖苦的词句。

3. 领导能力

高级海员需要具备高水平的领导能力,这对于他们的工作活动至关重要。领导能力涵盖了计划布置、组织分工和人际沟通协调等多项任务。现代科技的发展使得团队合作和协调变得更加重要。高级海员需要积极争取公司的支持,并促使船上各部门之间实现紧密合作。领导能力有助于有效地组织和分配任务,以确保工作的顺利进行。高级海员需要制定明确的计划,以保证船舶工作的高效执行。他们还需要展现出卓越的组织分工和人际沟通能力。高级海员的领导能力对于船舶的安全至关重要。

在校学生要积极争取在校担任学生干部的机会锻炼自己,要积极参与校内外的各种活动,并积极承担相应的工作和责任,给自己一个承担领导责任的机会,培养自己的领导能力。

4. 应变能力

航海中,由于环境的复杂多变,海员处理突发事件的能力关系到能否阻止突发事件造成危害或减少损失。每个人都想从容、镇定自如地面对突发事件,但是,处理突发事件的能力不是一朝一夕就能获得的,它需要多方面的学习和有意识的磨炼。由于航海专业学生的训练、经验、性格、责任心、工作作风等不尽相同,而上述几项是影响人应变能力的直接因素。因此,航海专业学生要增加自己应付各种情境的机会和演练,做到先培养后应变,自觉培养锻炼应变能力,提高自身的综合素质,以适应航海工作的特殊需要。

(四)良好的身体和心理素质

1. 具有良好的身体素质

身体素质的好坏是一个人健康状况的体现,而健康的身体则是德行和智慧的实体承载者。对航海专业的学生来说，毕业后需要在海上进行长期的生活和工作。在漫长的航海旅程中，由于工作时间、工作环境以及生活环境的特殊性，身体的消耗成为影响正常功能和健康状况的重要因素。

因此，一名合格的海员，首先必须拥有能够适应海上工作环境和经受艰苦生活条件考验的强健身体。作为航海专业的大学生，应该经常进行体育锻炼，以提高自身各个方面的身体素质。

2. 具有过硬的心理素质

心理素质反映的是个人在某一时期内达到的心理发展水平，是个人进一步发展和从事活动的心理条件和心理保证。一个人只是身强力壮，没有器质性疾病，还不能称为完全健康。只有体格和心理两方面都健康的人，才算得上是真正的健康。由于工作和生活在船上，长期与大海打交道，工作和生活空间相对局限，以及航海中可能出现的一些复杂情况有可能会给海员带来一些心理困扰；停泊在不同的国家港口，语言的障碍、不同的风土人情等，都会给海员的素质尤其是心理素质带来极大的考验，并提出了非常高的要求。

因此，在大学生阶段要培养心胸豁达、沉着自制、果断坚毅、坚忍不拔、团结协作、善于自我调节、容忍善待他人、开朗幽默等良好的心理素质。

纵观人的一生，总是在从事两类活动：一是改造客观世界的活动，二是改造主观世界的活动。前一类活动可以统称为工作，后一类活动可以统称为学习。航海职业的特殊性决定了院校在培养海上人才时，采取了不同于其他专业的培养途径。航海专业学生要理解并适应专业的培养方式，积极主动地学习，努力提高自身综合素质。

二、航海专业学生的综合素质养成

在充分认识到航海专业学生综合素质养成的内涵和重要性的同时，如何与家长、学校、老师和同学共同提高自身综合素质，就成为每一名学生要慎重面对的重要课题。

（一）要努力增强情商的自我养成

近年来，越来越多的航海类院校和航海专业学生认识到加强情商培养的重要性，并采取一些措施和方法开展情商教育，并取得了一定的效果。随着航运业发展对航海人才情商水平要求的提高，作为航海专业学生，更要注重自身的情商培养。

1. 认真学习研究有关情商的书籍

目前关于情商的书种类很多，航海专业学生可以阅读一些情商的书籍，对情商内涵、发展历程、特征要求等具有一定的认识与了解，然后根据航海专业学习和航运业发展要求的需要，结合自身的实际情况，有针对性地进行思考研究，提高自身的情商。另外，有些航海院校开设了情商培养的选修课和主题讲座，航海专业学生应主动地聆听学习，深入体会。

2. 在日常管理活动中锤炼情商

学生日常管理是促进学生成长成才的重要方面，严格的半军事化管理对培养高素质航运人才更是发挥着不可替代的作用。航海专业学生应该积极主动地参与半军事化管理，严格对自身的管理要求，进而提高自身的情商。一是切实把半军事化管理要求内化为自己成长的内心自觉，提高自身对制度、老师、领导的服从意识。二是通过严格遵守半军事化管理制度，提高自身的情绪控制等能力。在实施半军事化管理工作过程中，航海专业学生要注重对自身纪律观念、自律意识、服从意识等各方面的培养，促进自己能够自觉有效地控制自己的情绪，逐渐养成良好的行为习惯。三是通过主动自我教育管理，培养自身的领导管理能力，建立较强的人际交往和团队协作能力，以符合高素质航海人才的培养需要。

（二）要善于发扬自己的优点，正确对待自己的缺点

正确认识自己，是一个人安身立命的根本。三国时期的马谡，夸夸其谈又刚愎自用，谈起打仗更是头头是道，被诸葛亮托以重任守卫街亭，而后来的事实证明，他只是一个会纸上谈兵的虚妄之人，不仅毁了自己，还毁了诸葛亮的北伐大业。同样地，安徒生童话《皇帝的新装》中，皇帝本来想掩饰自己的愚蠢，最终却使自己的愚蠢暴露无遗。这虽然是个童话，却也揭示了人类的一种普遍心理现象——自欺欺人。自欺欺人是成功的大敌，一切导致失败的品质都与不能正确认识自己脱不开干系。

航海专业的学生首先要善于发现自己，了解自己，寻找自己的舞台，进

而造就积极的"自我"。作为新时代的航海专业学生，要在发现自己、了解自己的基础上，努力做到以下几个方面。

1. 正确认识自己的缺点，做一个诚实的人

自卑或对自己某些方面不满意的人喜欢用自己的谎言来增强信心。谎言就像毒品，虽然可以把自己置于一个虚幻的"天堂"之中，但每一次梦醒都会发现自己离"天堂"越来越远。诚实的人不否认自己的缺点，从表面上看这是对自己的否认，实际上却是对自己最大的肯定。一个人能够坦然面对自己的不足，本身就表明他有改善自己的决心和能力。诚实的人身上有一种品格的力量，这种力量虽然不如肌肉力量那么直观，却能成就一个人一生的事业。首先在学习上，要做到诚实，不作弊，不欺人；在毕业就业时与航运企业的洽谈、签约的过程中要诚实，在从事船舶运输工作时无论是航行值班还是船舶管理，都应该诚实守信，否则一个小小的谎言都可能造成严重的后果。

2. 拓宽自己的心胸，做一个"大人大量"的人

锱铢必较的人容易被蝇头小利蒙蔽心智，因小失大。心胸狭隘的人心中充满忌妒和怨恨，既伤害别人又伤害自己。心胸宽广的人专注于远大的目标，不会计较那些琐碎的事情，也不受名利得失的羁绊，往往能取得较大的成就。战国时期，赵国蔺相如不惧秦王，保护和氏璧，友善处理和廉颇的关系，最终和谐相处，成为佳话。我们可以看出，博大的心胸，不仅能使自己摆脱不利处境，还能化敌为友，把不利因素转变为有利因素。大学期间更是如此，同学之间难免会因为某种缘故，甚至是琐碎小事引起不必要的争执，这种情况下需要我们冷静对待，以宽阔的胸怀去容纳。尤其是作为航海专业学生，将来要在宽阔的大海上从事海洋船舶运输工作，更应拥有"海纳百川"的胸怀。

3. 在让别人接受自己之前，先学会接受别人

接受自己，是培养积极自我意识的主要手段之一，与此同时，还需要积极地争取他人的接受。一个人为他人所接受，在一定程度上就是得到了他人的肯定。这种来自外界的肯定不仅为自我肯定提供了参照，同时也为自身价值提供了证明。通常，你用什么态度对待别人，别人就会用什么样的态度对

待你。要获得他人的接受，最好的办法就是学会接受他人。航海专业学生来自五湖四海、天南地北，具有不同的风俗习惯、不同的兴趣爱好、不同的信仰观念，这就要求大家更要学会接受别人，接受自己的同学，理解自己的同学，团结互助，友好相处。将来在船上工作也是如此，要领导好自己的下属，让别人接受自己之前，先学会诚恳地接受别人，无论优点还是缺点，这样才会赢得别人的尊重。

4. 别轻易说"我不行"

爱迪生说过："如果我们能把所有我们能做的事都完成，我们会对自己的能力感到万分惊讶。"每个人身上都蕴藏着极大的创造力，无论遇到什么难题，只要冷静地分析和思考，就能产生有效的行动。在说"我不行"之前，自己应该分析到底哪些方面不行。进入大学之后，部分航海专业学生可能会感觉自己高中的学习基础较差，感觉自己在学习上要想获得优秀不行，想获得奖学金不行，以致想找一份好的工作岗位也不行，于是，这也不行，那也不行，最终使自己的自卑心理日益加重，更影响了自己的学习生活和就业发展。事实证明，部分航海专业学生在高中学习基础不是特别好，高考分数较低，进入大学后通过努力学习、奋力拼搏，努力提高自身综合素质，在毕业踏上航海工作岗位后，继续吃苦耐劳、爱岗敬业，很快可以成为一名优秀的高级航海人才。

（三）要善于控制情绪，做自己情绪的主人

每个人都难免会有负面情绪，但是，善于控制自己情绪的人能把负面情绪的危害降到最低；而自控能力差的人容易陷入负面情绪的泥沼，使自己深受其害。

三国时期蜀国的大将张飞甚至因为情绪失控丢了性命。当时张飞得知关羽被东吴杀害后，陷入了极度悲痛之中，丧失了起码的理智，任由负面情绪发展，向手下将士发出"限三日之内制办白旗白甲，三军挂孝伐吴"的命令，根本不考虑手下是否能在那么短的期限内完成任务。当范疆、张达为此感到犯难时，张飞不由分说将他们绑在树上鞭打五十，以致范疆、张达只好拼个鱼死网破，趁张飞醉酒，潜到帐内将其刺死。刘备曾告诫张飞不要鞭打将士，

认为这是很危险的举动。但是，刘备自从听说关羽被东吴杀死之后，在张飞的哭闹之下，竟也不顾诸葛亮、赵云等苦苦相劝，执意伐吴，结果大败，使蜀汉的力量大大削弱，为蜀汉的衰落埋下了伏笔。

负面情绪不仅对人们的生活、事业造成危害，还会极大地损害身体健康。作为航海专业学生，由于身处特殊的工作环境，更要学会驾驭自身的情绪，对负面情绪进行控制，把它的危害降到最低，甚至把它转化为正面情绪。驾驭情绪的方法有很多种，下面着重分析几种心理学界普遍推崇的方法。

1. 释放

有的人在痛苦和悲伤时什么也不想做，只想大哭一场，这也是释放内部负面能量的一种好方法。一场痛哭往往能使失衡的身体机能恢复平衡，尤其在可信任的亲友面前痛哭，可使心情逐渐好转。但必须警惕的是，如果天天以泪洗面，结果只能是让自己显得更加懦弱。尤其是航海专业的学生，心胸更应开阔，应该果断地遗忘那些不愉快的事，以积极的心态和热情去开始新的学习、生活。

2. 遗忘

正如坏事比好事更能让人记住一样，和负面情绪有关的记忆也总是挥之不去。负面情绪产生之后，如果不及时将之消除，人气郁积于心，就会像癌细胞那样不断地扩散，愈演愈烈。那些使人产生负面情绪的事情发生后，最好是尽快将其遗忘。当然，不愉快的事情总能给人以深刻的记忆，要忘记它并不是一件容易的事情。有些学生终日为那些鸡毛蒜皮的纠葛和矛盾所困，对别人无心的冒犯耿耿于怀，为一点利益得失坐卧不安，这样的胸怀是不可能忘却烦恼的。要忘记不愉快的事情，还需要拓宽自己的心胸。

3. 转移

有些不愉快的事情对人的刺激太大，要在短时间内将其遗忘是不现实的。面对这种情况，单靠消极的回避肯定收效甚微，必须采取转移注意力的方法，把自己的思维转移到别的事情上去。对航海专业的学生可以加大对学习精力的投入、参与日常管理训练、参加社会实践活动等转移注意力，冲淡负面情绪。心理学研究发现，有氧运动是摆脱负面情绪的最佳方式之一，而且对于平时不喜欢运动的尤为有效。因此航海专业学生，可以主动参加体育锻炼活动，不仅转移了负面情绪而且锻炼了身体。

4. 倾诉

人是群居动物，平常就需要与亲人、同学、朋友相互交流。当在生活中遇到了困难和问题，自己又难以解决时，要时刻注意向亲人、老师、同学或朋友说明自己负面情绪的来源，寻求他们帮助自己走出困境。在工作中出现负面情绪时，要注意及时与上级领导沟通汇报，说明自己的困难，寻求上级领导的支持和帮助。但要注意与领导之间的沟通要掌握分寸，要客观、准确、真实地说明问题，并清楚地说明自己的意图。

（四）要善于自我激励、提高自己思想的"抗击打能力"

一个小孩子学走路，开始的时候是妈妈领着走，一段时间以后开始自己走。但是，正是不断地摔倒几次之后，他才能找到走路的窍门。可以说，总结经验的能力是每个人与生俱来的，但经验何尝又不是在一次次的挫折中锻炼出来的？

坚强的毅力是人才成长、事业成功的重要心理品质，是一种百折不挠的精神，它具有自觉性和坚韧性。孟子曰："天将降大任于斯人也，必先苦其心志，劳其筋骨，饿其体肤，空乏其身，行拂乱其所为，所以动心忍性，曾益其所不能。"人们常说的"水击石则鸣，人激志则宏"，强者之所以为强者，不在于他们遇到挫折时有没有消沉软弱过，恰恰在于他们善于克服自己的消沉与软弱，通过斗争最终坚定地走向成功。

压力是现代人提得最多却了解最少的东西，人们常说"压力很大"，但如果你问他压力到底是什么，压力产生的原因是什么，压力对人的影响有哪些，他可能无法说出来。一般来说，压力主要来自以下方面：生活规律的改变、身体疾病、学习困难、矛盾、就业工作、期望值过高、竞争、人际关系等。高素质航海人才必须具备坚毅果敢的意志品质，必须具备思想的"抗击打能力"。当然，航海类学生更要学会如何面对挫折，化解压力。

1. 学会培养弘毅和敢为人先的精神

"士不可以不弘毅，任重而道远"，这个世界上有很多郁郁不得志的人，他们总以为别人拥有的那些幸福是不属于他们的，以为自己的失败是因为不具备那些成功者的运气和资历，却不知道他们失败的原因是内心深处的自我否定。青年人在内心里必须有"天生我材必有用"的勇气，内心有着对美好生活的强烈向往，如果不充分展现这种弘毅和敢为人先的精神，对于自己的人生、家庭将是一个损失。可以说，弘毅和敢为人先的精神不仅是成功的基石，也是克服心理压力的利器。作为航海专业学生，首先应培养弘毅和敢为人先的精神，在遇到突发紧急事件时，不慌乱，沉着冷静，自信处理，只有这样，才能妥善处理危机事件，才能保障船舶安全航行，才能促进自己不断成长。

2. 学会自我激励

航海专业学生需要培养心理应变能力和挫折耐受力。刚毕业的学生对海员生活充满热情和兴趣，但面对生活的困难和挫折时，有的人逐渐成熟并坚定进取，而有的人可能受环境、时间、困难和挫折的磨损，动摇并放弃初衷。人们往往容易陷入惰性，只有外界的刺激或干扰才能唤醒他们，因此学会自我激励、化压力为动力、变被动为主动是至关重要的。高悟性的人需要经常自我激励并不断自强，而有血性的人则需要接受外在的激励，以发挥自己的最大潜能，使人生更加精彩。

3. 善于聚集集体的力量成就自己

船舶作为一个"浮动的国土"，所有海员无论是个人工作的成功，还是确保船舶安全航行的需要，团队的力量都是至关重要的。

三国的孙权有句名言，"能用众力，则无敌于天下矣；能用众智，则无畏于圣人矣"。海员间存在差异，容易发生小摩擦和矛盾，需通过谈心交流解决，不可冲动行事。航海专业学生应开放胸怀，倡导团队精神。海员来自各地，工作使他们团结一致，珍惜这个缘分。海员需各负其责，像链条一样密切配合，确保安全与效率。海员是大家庭，应建立兄弟般友谊，相互协作、学习和团结是基本原则。缺乏合作可能导致问题。教训表明海员之间的合作是确保船舶安全的重要环节，是团队精神和基本素质之一。

路是人走出来的，人生不会处处有绿灯。综合素质对一个人的成长、成才具有极大的影响。如何提升航海专业学生的综合素质，也是学校、老师、家长和海事管理机构面临的常见常新的课题，相信同学们只要充分认识到加强自身综合素质养成的重要性和必要性，积极参与学校组织的丰富多彩的主题活动，努力在学习生活实践中锻炼培养自己，不断提高自身竞争力，就一定会成长为一名高素质的国际航运人才。

第二节　航海技术专业人才要求及教学内容

航海技术专业是交通运输工程和载运工具运用工程学科的一部分。该专业的培养目标是为社会需求提供全面发展的人才，这些人才应具备德、智、体、美等各个方面的素质，并掌握船舶驾驶、船舶运输管理等相关知识和技能。他们需要符合国家教育方针以及国际和国内的相关法规要求。此外，他们还应该具备综合素质较高，具备强烈的环保意识和可持续发展意识，并具备国际竞争能力，成为高级航海技术应用型人才。

毕业后，学生可以在海洋运输企事业单位、政府主管机关、研究单位和教育培训机构等各个领域就业。他们可以从事船舶驾驶、航运管理、港口引航、海事管理、科研或教学等工作。航海技术专业为学生提供了广泛的就业机会，他们可以在航运行业的不同领域发展自己的职业生涯。无论是管理岗位还是技术研发领域，他们都可以发挥自己的专业知识和技能，为海洋运输和航海领域做出贡献。

一、航海技术专业人才基本要求

为了培养专业的航海技术人才，许多航海高等院校提供一系列课程，以确保学生掌握必要的知识和技能。这些课程包括船舶原理、航运业务与海商法、GMDSS 综合业务、通信英语、船舶结构与设备、航海气象与海洋学、航海仪器、航海学、海上货物运输、船舶管理、船舶操纵以及船舶值班与避碰等方面的学习内容。

（一）素质结构

航海技术人才，必须爱国并拥护党的领导，具有正确的政治立场和稳定的思想。他们应该具备良好的道德品质，有强烈的社会责任感，并遵守公德和法律。此外，他们还应该能够将理论与实际相结合，勤奋好学，掌握基础科学知识和专业技能，培养创新意识和适应能力，并具备吃苦耐劳的精神。身体健康、人格健全，以及良好的心理素质和行为习惯，也是他们应该具备的素质。合作精神是航海技术人才必备的素质之一。

（二）知识结构

航海技术人才应掌握船舶驾驶和运输管理所需的基础科学理论，建立扎实的学科基础，并掌握必要的专业知识。他们需要了解科技发展的动向，并具备实践知识和技能，能够组织船舶安全航行、货物运输和航运管理，并关注海洋环境保护。熟悉国际和国家关于船舶驾驶、海洋运输和港口贸易的政策、法律和规章也是他们的知识要求之一。此外，他们还需要了解基本的军事和国防知识。

（三）能力结构

航海技术人才应具备分析和解决航海技术和工程实际问题的能力，初步具备科技研究和开发的能力，以及组织管理、生产经营和自学的能力。他们应该具备正确运用本国语言和文字进行表达的能力，基本掌握一门外语，并具备较强的外语和计算机应用能力。他们还应该掌握文献检索和资料查询的基本方法，并具备较强的自学和独立工作能力。此外，了解体育运动的基本知识，掌握科学锻炼和养护身体的方法，保持身心健康，并达到大学生体育合格标准也是必要的能力要求。

二、专业教学的基本要求与核心课程介绍

高等航海教育兼具学历教育与高等职业教育的双重性质，与产业经济的联系十分紧密，因此，高等航海教育核心课程设置受 STCW 公约影响，学校必须按照公约要求设置核心课程。

（一）课程介绍

1.航海气象学与海洋学

航海气象学与海洋学是航海技术专业开设的一门专业课，是本专业毕业

生参加全国海船船员适任证书统考必考内容之一。本课程研究大气、海洋运动变化规律以及海—气相互作用对航海活动的影响，其目的就是"趋利避害"，充分利用有利的天气海洋条件，尽可能避离恶劣的天气和海况，使船舶安全、经济地到达目的地。

航海气象学与海洋学研究的主要内容：气象学基础知识，海洋学基本知识，天气系统及其天气特征，天气图基础知识，船舶气象信息的获取和应用，船舶气象导航，世界海洋气候。

航海气象学与海洋学课程的特点是：

（1）与地理相关联；

（2）云变化莫测，较难掌握；

（3）气象学与海洋学不断发展，新的天气和海况实践不断揭示，新的大气和海洋运动规律不断发现；

（4）天气分析和预报方法不断更新，船舶获取的天气信息和预报产品越来越多。

2. 航海学

航海学是航海技术专业的主要专业课程，是学生进入航海专业生涯的第一课，起到承上启下的作用。它是一门研究如何使船舶从一个港口安全经济地航行至另一个港口的综合实用性学科，理论覆盖面广，实践性强。该课程在培养航海高级人才方面起着基础性和主要性的作用，是 STCW 公约所要求的海船船员必修知识，也是国家海事局海船船员适任证书考试的必考内容之一。

航海学课程的目的在于教授学生有关航海的基本知识、航海技能，培养学生在各种航行条件下综合运用航海技术的能力，灌输学生安全理念，以保障海上航行的安全，保护海洋环境。

本课程实践性非常强，突出加强学生的实践技能培养和训练，培养目标侧重于学生能真正理解知识并能运用于实践中；在教学中强调理论联系实际、案例教学的教学方法和教学理念，对师资的要求非常高。根据国际公约的要求，航海类师资必须具有"双师型"资质，老师必须定期到船上实践以获取最新的航海信息，更新理念以培养适应最新的航海需求的航海人才。

航海学课程为航海人员提供有关海上航行的航线选择和设计、船位的测定和各种条件下的航行方法等重要问题，给船舶的安全、经济航行提供了必要的保障。根据新形势下航运事业发展需求，结合现代航海科技的新成就，STCW 公约和国家海事局对高级船员的评估考试和理论考试中，明确了航海学的重要性。该课程研究的主要内容是：

（1）拟定一条既安全又经济的航线，制订一个切实可行的航行计划。

（2）研究船舶定位的理论与实践，即研究航迹推算、观测定位及其误差分析与控制，引导船舶航行在计划航线上；定位方法分为三类：陆标定位、天文定位和电子定位。

（3）各种条件下的航行方法及其安全研究。

根据以上内容，航海学课程在教学上从理论与实践两个方面进行，改变过去偏重理论教学的现象，融"教、学、做"为一体，强调学生航海实践能力的培养。

理论教学主要从以下三个模块进行，强调以实用性为主，在理论中贯穿实践知识内容：

模块一：以地文航海为主的理论教学模块，强调学生必须掌握地球坐标知识、海图知识、航迹推算知识、陆标定位知识、电子定位知识、潮汐知识和船位误差理论知识等。

模块二：以天文航海和测罗经差为主的理论教学模块，强调学生掌握天球坐标知识、时间系统知识、天文定位方法和罗经差的测定等内容。

模块三：以制订航行计划为主的理论教学模块，强调学生必须掌握航标知识、航海图书资料知识、航线和航行方法知识等。

3. 航海仪器

航海仪器的发展和进步往往是标志着航海技术现代化进程的里程碑。随着计算机网络技术、信息处理技术、通信导航技术和卫星定位技术等新技术的不断涌现和发展，船舶操控正在向自动化、信息化和智能化方向发展。传统单一独立的航海仪器设备或系统，如无线电导航系统、船舶导航雷达、卫星导航系统、电子海图和信息显示系统、自动识别系统等，已经成为综合驾驶台智能管理控制系统中的必要组成部分。现代航海仪器在实现船舶自动驾驶，提高船舶营运效益，保障海上人命安全，保护海洋环境等方面发挥着日益重要的作用。航海仪器课程是航海技术专业的主要专业课之一，综合了电航仪器、无线电导航仪器两门课程的教学内容，叙述罗经、水声仪器、无线电导航仪器的基本理论基础、结构和电路原理以及它们的使用与维修保养要求等，在航海技术专业教育中占有重要地位。该课程在培养航海高级人才方面起着基础性和主要性的作用，是 STCW 公约所要求的海船船员必修知识，也是国家海事局海船船员适任证书考试的必考内容之一。

航海仪器课程的主要内容有：陀螺罗经原理与应用，磁罗经原理与应用，水声仪器原理与应用（包括测深仪与计程仪），电子导航仪器的原理与应用（含罗兰 C 系统、卫星导航系统、自动识别系统、航行数据记录仪），综合导航系统原理与应用。

航海仪器课程的特点是：

（1）它是一门应用性和实践性很强的学科，学生学习后即可掌握相关仪器的使用、保养知识，如果为获得高级船员资质，还应通过国家海事局组织的航海仪器评估考试。

（2）仪器原理涉及微积分、几何、力学、电路等方面知识，基础理论内容较多，对学生来说，有一定学习难度。

（3）对于航海技术专业，本课程是必修课；对于航海教育类高校的其他专业，如电子信息工程专业、通信工程专业等，本课程可列为选修课程。

（4）课程的各部分内容没有直接密切的联系。

4. 船舶导航雷达

船舶导航雷达和自动雷达标绘仪（ARPA）的问世标志着航海技术的重要进步，被认为是航海领域发展史上的重大里程碑。雷达和 ARPA 的引入，为航海人员在复杂的航行环境中提供了及时有效的信息获取工具，使他们能够准确掌握船舶周围的航行情况并了解目标船舶的航行动态。这些技术为现代船舶的定位、导航和避碰提供了不可或缺的助航设备。

船舶导航雷达是船舶装备的众多电子助航仪器之一，也是最重要的航海仪器。由于其工作原理、设备构造以及操作使用等方面内容众多，学习难度大，所以为船舶导航雷达专门设立一项课程，内容主要涵盖雷达基本原理、船用雷达主要设备构成、船用雷达的性能及影响因素、雷达自动标绘原理与设备、船用雷达操作等。

本课程的特点是：

（1）强调应用性和实践性。

（2）涉及基础理论内容较多，对学生来说，有一定学习难度。

（3）对于航海技术专业，本课程是必修课；对于航海教育类高校的其他专业，如电子信息工程专业、通信工程专业等，本课程可列为选修课程。

5. 海上货物运输

海上货物运输是航海技术专业学生必修的一门主干专业课程，是研究船舶配积载、货物装卸、船舶运输全过程中货物管理的一门科学。该课程一直是从事船舶驾驶工作人员的主要业务课程，它承载了航海技术专业的核心能力培养任务，是航海技术专业的核心课程之一，海船驾驶员职业证书主要的考试内容之一。

现代海上运输的原则是安全、优质、快速、经济，而船舶的安全则是重中之重。本课程在专业基础课船舶原理的基础上，通过讲授船舶货物运输技术的基本知识和基本技能，为学生适应船舶货物运输管理，保证航行安全，提高货物运输质量和经济效益打下良好基础；同时引导学生树立正确的思想意识，养成良好的职业道德。

海上货物运输的主要特点是：

（1）海上货物运输是实用性很强的一门学科；

（2）理论知识较为抽象，涉及多门基础学科，计算复杂，学习难度较大，易造成教师难教和学生厌学的情况；

（3）必须满足STCW公约和《中华人民共和国海船船员适任考试大纲》的相关要求，课程内容不断更新（部分内容每两年更新一次）；

（4）强调理论与实践相结合，知识、经验与法规相结合；

（5）随着数字技术的发展，货物积载软件在船上的应用日趋广泛，本课程同时讲述一些货物积载软件的编制原则和使用方法。

6. 航运业务与海商法

航运业务与海商法是航海技术专业的一门专业性、技术性和法律性紧密结合的特殊学科，因此在欧美国家，航运业务与海商法的教学和研究已有数百年的历史。我国开设航运业务与海商法课程的历史较晚，仅有 40 多年的历史。航海技术专业以培养具有国际竞争能力的航海类人才及国内新型航运人才为目标，航运业务与海商法课程作为航海技术专业本科学生的专业基础课之一，将航运业务知识与海商法知识相结合，极大地拓展了航海类学生的专业知识面，帮助学生了解航运管理、航运技术、航运法律多方面的知识，为学生成为综合性高素质人才奠定基础。

航运业务与海商法研究的主要内容有：航运业务基础、国际航运合同业务、海商法三个相关的知识模块。各知识模块所包含的内容、顺序如下：

（1）航运业务基础知识模块

①国际贸易；②远洋运输营运方式；③远洋运输单证业务。

（2）国际航运合同业务知识模块

①提单业务与国际公约；②航次租船合同业务；③定期租船合同业务。

（3）海商法知识模块

①海商法基础知识；②船舶法；③船舶担保物权；④船员法；⑤船舶碰撞法；⑥海难救助法；⑦共同海损法。

航运业务与海商法课程的特点是：

（1）航运业务与海商法是实践性很强的学科。

（2）涉及的法规等方面知识、理论性较强，操作内容较少，易造成教师照本宣科和部分学生缺少兴趣的情况。

（3）国内外各航海类院校的航海技术专业，纷纷将航运业务与海商法列为必修课程。

（4）课程的内容有联系密切的系统性。因此要求学生首先掌握基本知识，然后通过具体案例将理论知识应用到具体实践中。本课程是学习后续专业课的基础课程，在整个航海技术专业课程体系中有为其他课程服务的作用，通过对本课程的学习，为后续专业课程的学习打下基础。

本课程具有实践性强的特征。近年来，各种海事案件频繁发生，学生通过对本课程的学习，可以将书本上的理论知识应用到具体的案例中，对航海类学生以后的工作大有裨益。

7. 船舶操纵

船舶操纵是航海专业中至关重要的一门课程，它构成了掌握船舶驾驶技术所需的基础知识。根据 STCW 公约的规定，海船船员都必须学习这门专业知识。船舶操纵的重要性还体现在海上搜救和海事案例分析等评估项目中。此外，该课程也是海船船员适任证书考试、港口引航员证书考试以及大型船舶操纵等培训的核心内容。

船舶操纵课程涵盖了工程力学、高等数学、船舶原理以及船舶结构与设备等学科的基础知识。它的具体内容包括船舶操纵性能、船舶设备在操船中的应用、外界因素对操船的影响，以及特殊情况下的操纵方法和应急情况下的操纵技术。重点在于使学生理解船舶操纵性能以及外力对操船的影响，并初步掌握各种情况下的船舶操纵程序和要领，为学生今后具备驾驶台值班能力奠定坚实的基础。

通过本课程的学习，学生可获得从事与船舶驾驶岗位工作所必需具有的操船理论、基础知识和实践技能。学生毕业时，在船舶操纵知识和能力方面为履行远洋船舶管理级驾驶员职责打下良好的基础。

8. 船舶值班与避碰

船舶值班与避碰是航海技术专业的必修课。STCW 公约对海员的适任性提出了具体的法定要求。我国作为该公约的缔约国，结合我国实际情况为履约而制定了海员的适任标准。按此标准，全国高等航海类院校教学指导委员会制定了海洋船舶驾驶本、专科专业指导性教学计划。根据计划中有关培养目标和培养规格的要求，船舶值班与避碰课程的教学任务首先是使学生达到 STCW 公约规定的强制性适任标准。

根据 STCW 公约马尼拉修正案要求，本课程内容主要分成驾驶台资源管理、船舶定线制和报告制、船舶避碰、船舶值班五部分，其中驾驶台资源管理部分主要涉及关于有效地组织驾驶台协同工作程序的全面知识，船舶定线制和报告系统主要涉及根据船舶定线制的一般规定使用定线制及报告制的内容。

船舶值班与避碰课程的特点是：

（1）船舶值班与避碰是应用性很强的学科。

（2）涉及船舶原理、船舶结构与设备、航海仪器等专业课程的多方面知识，先修学科较多，重在理论结合实践，对国内部分院校在校期间无法上船实习的学生来说，学习难度较大。

（3）本课程是航海技术专业本、专科教学的重要组成部分，也是必修课程，在强调学生综合素质与创新能力培养的同时，引入"行业准入"机制，在知识结构上满足国际公约和国内法规的相关要求。学生完成课程学分的同时，参加海员适任证书考试，达到 80 分及以上及格，课程考核标准较高。

9. 船舶结构与设备

船舶结构与设备是航海技术专业中一门重要的课程，也是中国国家海事局考试的一部分。它不仅是其他专业课程的基础，还与其他课程相互关联，具有广泛的应用性和专业性。该课程的主要内容包括船舶常识、船体结构和船舶管系、锚设备、舵设备、起货设备、系泊设备、系固设备、船舶抗沉设备和堵漏、船舶修理以及船舶入级与检验等方面的知识。学生需要掌握船舶结构、甲板设备、船舶堵漏设备、船舶修理与入级等内容，并熟悉船舶设备的使用和船艺，以确保船舶航行和货物操作的安全。通过学习这门课程，学生将获得船舶结构与设备理论、基础知识和实践技能，从而具备操作级船舶驾驶员管理船舶的资格和能力。

这门课程的特点有以下几点：

它是驾驶专业的一门课程，涉及船舶的各个方面。

它涵盖了船艺和船体结构设备等多个学科，内容广泛而实践性强，对学生来说有一定的难度。

教师在有限的资源和适当的教学方法下，致力于让学生在理论和实践层面上充分掌握相关知识，这是航海教育者的目标。

10. 船舶管理

船舶管理是航海技术专业学生的必修课之一，也是中国国家海事局规定的海船船员适任证书考试的科目。这门课程涉及船舶驾驶人员的岗位职责、安全生产规章、规则以及相关法律知识。其重要性不言而喻，对于保证人员、船舶和海洋环境的安全至关重要。

本课程的目的是通过学习使学生掌握安全管理方面的理论基础知识，并培养安全意识、环保意识和敬业精神。通过系统的教学，学生将了解船舶营运安全、现代安全管理理论及应用、人为因素控制和国际安全管理规则等方面的知识。

（二）船员适任证书理论考试科目

国家海事局是我国的海事主管机关，其主要职责之一就是负责我国的船员适任资格培训、考试、发证管理。船舶驾驶员必须经过系统的航海教育，并参加国家海事局主持的船员适任证书考试，考试合格后方能取得任职资格。目前，船员适任证书理论考试科目有船舶操纵与避碰、船舶管理、船舶结构与货运、航海学、航海英语。

船舶操纵与避碰科目考试内容涵盖了高等航海教育中船舶操纵、船舶值班与避碰、船舶信号三门课程的内容，考试大纲中规定的考核项目有：船舶操纵基础、各种环境下的船舶操纵、应急操船、搜寻和救助行动、轮机概论、避碰规则内容的全面知识、航行值班中应遵守的原则、驾驶台资源管理、用视觉信号发出和接收信息。

船舶管理科目考试内容涵盖了高等航海教育中船舶管理、航运业务与海商法两门课程的内容，考试大纲涉及的内容有：船员职务职责、船舶安全生产规章制度、国际海事公约、国内海事行政法规、船舶检验、海洋与海洋环境保护、船舶应急、船舶资源管理、远洋运输相关知识、班轮运输、集装箱运输与多式联运、不定期船运输、海上旅客运输与海上拖航、船舶碰撞、海难救助、共同海损法律与实务、海事赔偿责任限制与油污损害赔偿、海上保险、保赔与海事争议、沿海运输有关法规、规范与实务、船舶修理。

船舶结构与货运科目考试内容涵盖了高等航海教育中船舶结构与设备、海上货物运输两门课程的内容，考试大纲涉及的内容有：船舶常识、船体结构基础知识、干货船主要管系、起重设备、货舱、舱盖及压载舱、船舶货运基础、船舶载货能力、船舶稳性、船舶吃水差、船舶抗沉性、船舶强度、包装危险货物运输、普通杂货运输、特殊货物运输、集装箱货物运输、散装谷物运输、散装固体货物运输、散装液体货物运输。

航海学科目考试内容涵盖了高等航海教育中的航海学、航海仪器、船舶导航雷达、航海气象与海洋学四门课程的内容，考试大纲涉及的内容有：航海基础知识、海图、船舶定位、天球坐标系与时间系统、天文船位误差、罗经差、潮汐与潮流、航标、航线与航行方法、船舶交通管理、电子海图显示与信息系统（ECDIS）、电子定位和导航系统、回声测深仪、磁罗经和陀螺罗经、使用来自导航设备的信息保持安全航行值班、使用雷达和自动雷达标绘仪保持航行安全、气象学基础知识、海洋学基础知识、天气系统及其天气特征、天气图、船舶气象信息的获取和应用、船舶气象导航。

航海英语科目考试内容主要是与航海技术有关的文献文章及英版航海图书资料、法规文件及其常用术语、词汇词组等。作为船员适任证书理论考试科目，航海英语考试大纲所列考察内容主要是与航海相关的。例如，航海图书资料、航海仪器、航海气象、船舶操纵、船舶避碰、船舶结构与设备、船舶货运技术、国际海事公约、航运法规与业务、船舶安全管理等方面的英语阅读与写作能力。

第三节　轮船工程专业人才要求及教学内容

这个综合应用型本科专业具有悠久的历史和丰富的知识体系。它注重实践性，培养具有国际竞争力的人才。该专业致力于培养在交通行业一线具备高素质和强能力的应用型人才。专业的基础理论主要涵盖船舶与海洋工程以及电气工程领域。而其专业发展方向则集中在信息化、数字化和智能化轮机领域。学生将学习相关的理论知识，掌握先进的技术和工具，以适应海洋运输企事业单位的需求。该专业具有鲜明的特色，办学思路清晰，教学队伍经验丰富，教学方法先进，学生能够在完善的实训实习基地中进行实践操作，提高他们的实际技能。

培养目标是全面发展的人才，符合国际公约和国家法规的要求。学生将掌握轮机工程系统知识和技能，并具备综合素质。他们可以从事现代化轮机管理、机电设备管理、船机修造管理或教学等领域的工作。这个专业还着重培养学生在现代化船舶机电管理技术方面的能力，使他们能够胜任相关工作。毕业生将成为具备国际竞争力的应用型高级工程技术人才，为行业发展做出贡献。

一、轮机工程专业人才基本要求

在这个专业中，学生将主要学习与轮机工程和船舶电子电气设备管理相关的基本理论和知识。他们将接受来自船舶管理、轮机维修、船舶电气和船机修造等领域的基本训练，以培养他们具备实际操作能力，能够管理现代化船舶机电设备，并具备轮机科技创新的基本能力。

（一）素质要求

（1）热爱祖国，拥护中国共产党领导，具有正确政治立场和思想稳定。

（2）具备良好的思想品德、社会公德和海员职业道德，具备敬业爱岗、艰苦奋斗、遵纪守法、团结合作的精神。

（3）具备基础的科学知识和专业技能，勤奋好学，有创新意识和适应能力，具备吃苦精神。

（4）进行体育锻炼，达到大学生体育标准和国家海事局要求的身体素质；接受军事训练和半军事管理，具备健康的身体、良好的人格和心理素质。

（二）知识要求

（1）掌握船舶机电管理领域的基础科学理论和专业知识，了解科技发展动向。

（2）掌握船舶管理、轮机维修、电子电气与控制工程、船机修造的实践知识和技能，具备海洋环境保护观念。

（3）熟悉航海、水运方面的国际、国家公约、方针、政策和法规。

（4）了解基本的军事和国防知识。

（三）能力要求

（1）具备分析解决轮机工程和船机修造实际问题的能力，初步具备科技研究、开发、组织和管理能力。

（2）具备较强的英语和计算机应用能力，能阅读英文专业资料，书写业务函件和单据，并具备一定的听说能力。

（3）具备独立获取、更新和应用本专业知识的能力，掌握文献检索和资料查询的基本方法,具备自学能力。

（4）熟练掌握船舶机电设备管理所需的知识,能胜任船舶机舱值班工作,具备动手能力和独立工作能力。

（5）熟练掌握基本工艺,具备对船舶机电设备进行测量分析和调整的能力。

（6）了解体育运动和心理学基本知识,具备科学锻炼身体的基本技能,达到国家规定的大学生体育标准,具备适应国际海船船员要求的身体和心理素质。

二、专业教学的基本要求与核心课程介绍

轮机工程专业根据国际海事组织 STCW 公约马尼拉修正案和我国相关海事法规的要求,以"服务航运经济发展为宗旨,行业需求为导向,航海岗位职业技能培养为主线",培养具有较强的实践技能和创新能力的高级应用型人才,将海船船员适任标准融入到日常教学中,实施学位教育与职业资格教育相融合的"双证书"培养模式,实现毕业生与工作岗位的"无缝对接"确保培养出符合国际要求的航运人才。

（一）课程设置

根据专业教学的基本要求,轮机工程专业按照一年级夯实基础、二/三年级进行专业理论＋基本技能＋职业技能教育、四年级参加海上航行适岗实习和毕业设计的流程,开展学历教育＋职业教育的教育形式,构建基于国际海事组织 IMO 的 STCW 公约、满足教育法规要求的"应用型人才国际化培养"模式。

其主要的教学内容分为理论教学、实践教学和船员专业技能适任培训三大部分。其中:理论教学和实践教学具有双重功能,既满足学历教育,又满足船员适应拟任岗位所需的专业技术知识和能力;船员专业技能适任培训是专门为满足职业证书而设置的。

轮机工程本科人才培养方案中,理论课程和实践课程共 180 学分,其中公共基础课 60 学分、992 学时,包括马克思主义基本原理概论、高等数学、

线性代数、概率论与数理统计、大学英语、大学物理等课程；学科基础课28学分、448学时，包括机械设计基础、工程热力学与传热学、工程力学、机械制图、电工与电子学等课程；专业课必修课27学分、432学时，包括船舶柴油机、船舶辅机、船舶电气设备、船舶管理等课程；专业限选课14学分、80学时，包括轮机英语、轮机自动化等课程；专业任选课2学分、公共选修课4学分；集中实践43学分，共52周，包括熟悉和基本安全培训、精通救生艇筏和救助艇培训、高级消防、精通急救等基本技能训练和金工工艺、电工工艺与船舶电站、动力设备拆装与操作、机舱资源管理等专业技能训练。具体的各教学环节和课程设置如图2-1所示：

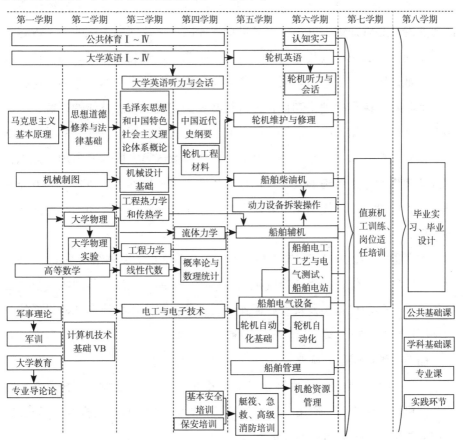

图2-1 轮机工程专业教学环节和课程设置

（二）核心理论课程介绍

根据《中华人民共和国海船船员适任考试大纲》的规定，无限航区一等三管轮证书适任考试的科目为：主推进动力装置、船舶辅机、船舶电气与自动化、船舶管理、轮机英语等五门。根据以上五门适任考试的科目的考试大纲，结合学历教育的要求，本专业开设的核心理论课程有：船舶柴油机、船舶辅机、船舶电气设备、船舶管理、轮机维护与修理、轮机自动化、轮机英语等。各门核心课程的主要介绍如下。

1. 船舶柴油机

船舶柴油机是轮机工程专业的重要专业课之一，是 STCW 公约所要求的海船船员必修知识，也是国家海事局海船船员适任证书考试的必考内容之一。柴油机是船舶推进装置的主动力，也是船舶发电装置的原动力，还是救生艇的推进装置和应急消防泵的动力来源。因此，轮机工程专业的学生必须系统地学习本课程的理论知识，并进行必要的实验和实践技能的训练，掌握船舶柴油机的使用、维护、保养所必需的知识技能。通过本课程的学习，学生掌握柴油机的基本工作原理、性能、各附属系统等方面的基本理论知识，掌握柴油机的基本结构形式、零部件的构造、维护保养、运转管理等方面的基本知识，以满足现代船舶对轮机管理人员主推进动力装置理论与实践技能的要求。

本课程的主要内容有：柴油机基本知识，柴油机的总体结构及主要部件，燃油的喷射和燃烧，换气、换气机构和增压，柴油机系统，柴油机及推进轴系的振动，柴油机特性及选型，调速装置，柴油机启动、换向和操纵系统，示功图测录与分析，柴油机运行管理和应急处理。

船舶柴油机课程的特点：

（1）本课程是一门应用性和实践性很强的学科，学生学习后即可掌握船舶柴油机的工作原理、使用、维护、保养等知识，如果要获得高级船员资质，还应通过国家海事局组织的评估考试；

（2）对于轮机工程专业，本课程是必修课；

（3）本课程强调理论与实践相结合，注重知识与经验相结合；

（4）本课程内容系统性较强，各章节联系比较密切，部分内容比较抽象，对学生来说，有一定学习难度。

2. 船舶辅机

船舶辅机是一门多科性的综合专业课程，其内容庞杂，涉及范围广，学科覆盖能力强。在教学中既要重视理论知识的讲授，又要重视学生实践技能的培养。船舶辅机是轮机工程专业的一门重要的主干专业课程，也是国家海事局规定的海船船员适任证书统一考试科目。

本课程研究的主要内容有：船用泵和空气压缩机、甲板机械、船舶制冷装置和空气调节装置、船舶辅锅炉装置和海水淡化装置。

船舶辅机课程特点是：

（1）船舶辅机是实用性很强的一门学科；

（2）其理论知识较为抽象，涉及多门基础学科，计算复杂，学习难度较大，易造成教师难教和学生厌学的情况；

（3）课程必须满足 STCW 公约和《中华人民共和国海船船员适任考试大纲》的相关要求，内容不断更新；

（4）本课程强调理论与实践相结合；

（5）课程的各部分内容没有直接密切的联系。

船舶辅机课程的目的在于使学生较为全面地理解各种船舶辅机的工作原理、性能特点、典型结构，并掌握管理要点；培养学生科学地管理、使用、维修及评估设备系统的技术能力，分析处理常见故障的独立工作能力和及时了解与正确管理船舶辅机先进技术设备的能力，满足 STCW 公约和《中华人民共和国海船船员适任考试大纲》对本课程的要求，并具有一定的设计能力。

3. 轮机维护与修理

轮机维护与修理是航海类轮机工程专业的主要专业课程，也是 STCW 公约规定的必修课程。该课程主要涵盖船舶维护与修理以及现代维修理论，介绍修船制度、新工艺和新技术的应用概况。学生通过学习该课程可以全面了解船机修造的基础知识和实用技术，掌握相关理论知识。该课程为将来从事高级轮机管理工作打下初步基础，培养学生的综合能力。学习本课程可以使学生掌握船舶维修保养的管理方法和问题分析解决能力。无论在轮机管理还是船机修造方面，该课程都具有重要作用。

根据 STCW 公约马尼拉修正案要求，本课程内容主要包括以下知识点：船机零件的摩擦、磨损与润滑，船机零件的化学腐蚀、电化学腐蚀与穴蚀，船机零件的疲劳破坏，柴油机主要零部件的检修，船机故障及船舶维修保养体系，船机拆验、清洗与装配，船机零件的机械加工、电镀、热喷涂、焊补、金属扣合、塑性变形、有机及无机粘接和研磨等修复工艺的技术特点与应用，船机零件的缺陷检验，轮机故障诊断技术，修船的种类与原则、修船的组织、坞修工程以及交船试验。

轮机维护与修理课程的特点是：

（1）轮机维护与修理是伴随着船舶维修技术的发展而不断发展起来的轮机学科课程，因此教学过程中需不断更新理念，紧跟快速发展的轮机维护与修理的科技发展步伐；

（2）本课程实践性强，要充分利用多媒体课件以及学生认知实习的机会，使学生学会理论联系实际；

（3）本课程部分知识点关联到船舶管理与船舶柴油机等课程相关知识，要使学生多联系，学会比较记忆；

（4）本课程的任课教师应具备系统全面的轮机维护与修理的知识和实践经验，并符合国家海事局的任职要求；

（5）本课程应注重基础理论的掌握与应用，做到课堂讲授与实验密切配合。

4. 船舶管理

船舶管理是轮机工程技术专业的主要专业必修课之一，是依据 STCW 公约中船舶作业管理和人员管理功能而设置的一门课程。随着船舶模式的不断创新及管理认识的提高，对海船船员综合素质方面的要求也越来越高，因此，从适岗的要求出发，需要加强知识能力教育和资源管理能力的应用。通过本课程的学习，确保学生达到海船船员操作级的基本理论要求，同时为管理级打下坚实的理论基础。

船舶管理的主要内容包括：船舶原理、船舶及船员相关国际法规、船舶经济性及安全管理、船舶资源管理等四个相关的知识模块组成。各知识模块所包含的内容如下。

（1）船舶原理知识模块

①船舶发展与分类；②船舶结构；③船舶适航性能。

（2）船舶及船员相关国际法规知识模块

①船舶防污染管理；②船舶营运安全管理；③船舶人员管理。

（3）船舶经济性及安全管理知识模块

①船舶营运经济性管理；②船舶安全操作及应急处理。

（4）船舶资源管理知识模块

①船舶物料、备件、油料管理；②机舱资源管理。

船舶管理的主要特点：

（1）船舶管理是实践性很强的学科；

（2）本课程涉及的法规等方面知识理论性较强，操作内容较少，易造成教师照本宣科和部分学生缺少兴趣；

（3）本课程是原动力装置管理（轮机管理）、造船大意、船舶安全与管理、资源管理等课程的综合，需先修较多学科，重在理论结合实践，对国内部分院校在校期间无法上船实习的学生来说，学习难度较大；

（4）本课程的内容有联系密切的系统性，因此，要求学生首先掌握基本知识，然后通过具体案例，将理论知识应用到具体实践中。

5.船舶电气设备

船舶电气设备是为轮机工程专业学生开设的专业课程。该课程涉及的内容较多，具有较强的理论性和实践性，是电工技术和控制技术在船舶上应用的一门综合性课程。通过本课程的学习，学生从中获得船舶电气设备的工作原理和运行管理方面的基本知识、基本理论和基本技能，培养学生独立操作和管理船舶电气设备的综合能力，掌握分析实际问题和应对问题的方法，为日后适任岗位、进一步深入学习和研究打下坚实的基础。

该课程研究的主要内容有：

船舶电气设备与系统共二十章，介绍了电与磁、变压器、直流电机、交流异步电动机、同步电机、控制电机、电力拖动基础、船舶交流及直流电动机控制电路、船舶甲板机械电力拖动控制系统、船舶舵机的电力拖动控制系统、船舶辅助机械的电力拖动控制系统、船舶电力系统的组成、同步发电机的并联运行、同步发电机电压及无功功率自动调整、电力系统频率及有功功率自动调整、船舶电站自动化系统、船舶照明系统管理、船舶安全用电知识、油船及特种船舶电气系统的安全管理和船舶电气管理人员的安全职责。

6. 轮机自动化

现代化船舶设备正朝着智能化、网络化、数字化的方向发展，包括信息技术在内的新技术的应用越来越广泛与深入。所以，STCW 公约马尼拉修正案对轮机管理人员的船舶自动化设备及控制系统的维护管理技能要求越来越高。

轮机自动化是轮机工程专业的一门主干专业课，是 STCW 公约要求的海船船员适任证书考试及评估考试内容之一。课程的教学内容包括轮机自动化基础理论教学、轮机自动化系统理论教学、课程试验以及教学实践四个环节。轮机自动化基础为学生掌握自动控制技术打下理论基础，并建立系统的概念；轮机自动化系统强调工程及船舶中的应用与管理；课程试验围绕课程内容，加深对课程教学内容的理解和培养动手能力；教学实践着重实际应用能力和创新能力训练。

轮机自动化课程的特点是：

（1）本课程是一门理论性较强的课程；

（2）本课程控制范围广，控制概念抽象，其中的反馈理论贯穿于整个课程；

（3）本课程涉及船舶柴油机、船舶辅机、电工学等相关知识，各学科之间关联性较强；

（4）理论与实践相结合，在实践中掌握相关理论知识。

本课程应达到的相关要求：熟练掌握自动化仪表的调试和维修技能；熟练地掌握无人机舱辅助设备及其自动控制系统操作方案和管理技能；掌握主机常见机型遥控设备的维护管理及排除故障；掌握无人机舱监视与报警系统工作原理及操作方法。

三、船员适任证书理论考试科目

国家海事局是我国的海事主管机关，其主要职责之一就是负责我国的船员适任资格培训、考试、发证管理。船舶轮机员必须经过系统的专业教育，并参加国家海事局主持的船员适任证书考试，考试合格后，方能取得任职资格。目前，船员适任证书理论考试科目有主推进动力装置、船舶管理、船舶电气与自动化、船舶辅机、轮机英语。

主推进动力装置科目考试涵盖了高等航海教育中轮机工程基础、船舶柴油机、轮机维护与修理三门课程的内容，包含基础理论知识、船舶柴油机、船舶推进动力装置三部分内容。考试大纲中规定的考核项目有：理论力学，材料力学，机构与机械传动，金属材料及其工艺，船机零件的摩擦与磨损、腐蚀及防护等是需要特别关注的问题。船舶运行中，零件之间的摩擦和磨损是不可避免的，因此必须定期检查和更换磨损严重的零件。了解柴油机的工作原理以及各个部件的功能和相互关系对于维护和修理至关重要。同时，燃油喷射与燃烧是柴油机工作过程中的核心环节，需要进行正确的调整和监测。排放控制、换气与增压等也是柴油机维护与修理的重要内容。船舶动力系统也是需要重点关注的方面，包括调速装置、启动、换向和操纵、电子控制技术、示功图的测录与分析、运行管理与应急处理、动力装置概述以及振动和平衡等。这些涵盖了船舶动力系统的各个方面，从控制装置到紧急处理措施，都需要船机维护人员熟练掌握和操作。

船舶管理科目的考试内容涵盖了船舶结构与适航性控制、防污染管理、营运安全管理、营运经济性管理、安全操作及应急处理、人员管理、维修管理、油类、物料及备件管理以及机舱资源管理等。营运安全管理包括船舶安全管理体系的建立和维护，以及事故预防和应急处理等方面。了解安全管理体系的要求和标准，掌握事故预防和灾难应对的技能，可以提高船舶的安全性和运营效率。营运经济性管理通过合理的经营管理，包括节约燃料、降低成本、提高效率等的措施，可以提高船舶的经济性和竞争力。

船舶电气与自动化的考试内容涵盖了船舶电子、电气基础，电机与电力拖动系统，发电机和配电系统，电气、电子设备的维护与修理、故障诊断与功能测试，反馈控制系统基础，计算机及船舶网络基础，机舱辅助控制系统，蒸汽锅炉的自动控制，主机遥控系统，机舱监测与报警系统，以及火灾自动报警系统等。

轮机英语科目考试内容主要是与轮机工程有关的文献和文章及英版图书资料、法规文件及常用术语、词汇和词组等。作为船员适任证书理论考试科目，轮机英语考试大纲所列考察内容主要是与专业相关的，如船舶主推进装置、船舶辅助机械、船舶电气和自动化、船舶轮机管理业务、国际公约、值班规则、轮机业务书写等方面的英语阅读与写作能力。

第四节　船舶电子电气工程专业人才要求及教学内容

该专业是一个集船舶电子、电气、自动化、信息技术与通信导航及船舶管理于一体的学科。其课程内容以国际海事公约和国家海事法规为标准，并紧密关注行业需求。其目标是培养具备成长潜力的交通行业一线工程师和管理者。专业的基础包括电气工程、轮机工程和航海技术等方面的知识。专业的发展方向主要聚焦于船舶远洋运输。学生将被培养成适应船舶海洋运输和船舶电气设备设计与维护所需的高素质应用型人才。该专业注重学生的全面发展，强调德、智、体、美的培养。学生将不仅具备职业能力、学习能力、实践能力和创新能力，还能满足国际海事组织 STCW 国际公约中相关职能要求。

就业方向主要包括航运类和船舶修造类企业，学生可以从事船舶电气设备与系统的安装、调试、管理和维护等工作。该专业还致力于培养应用型高级工程技术人才，为学生的职业生涯发展奠定坚实基础。

一、船舶电子电气工程专业人才基本要求

本专业学生主要学习船舶电子电工技术、自动控制原理、船舶电力拖动、船舶电站、船舶导航系统等方面的基本理论和基本知识，进行船舶电站实操、船舶电子电工技术、船舶自动化、船舶电子电气员英语等方面的基本训练，具备船舶电气设备的操作与维护、技术管理等方面的工作能力。

（一）素质结构

（1）热爱祖国，拥护中国共产党的领导，政治立场正确，思想稳定。

（2）具有良好的道德品质，具备社会责任感，遵守社会公德和法律。

（3）理论联系实际，勤奋好学，掌握基础的科学知识和基本专业技能，具有创新意识、适应能力的初步培养和训练，具有到一线工作的吃苦精神。

（4）具有健康的身体、健全的人格、良好的心理素质和行为习惯，具有合作精神。

（二）知识结构

（1）学术知识：掌握船舶电子电气工程领域的基础理论知识，包括电路分析、电磁场理论、信号与系统、数字电子技术、控制系统等。了解船舶电气设备和系统的原理、工作原理以及相关标准和规范。

（2）技能能力：具备设计、安装、调试和维护船舶电子电气系统的能力。能够独立进行电气设备的选型和布线设计，熟练使用常见的电气设计软件和工具。具备电气系统故障排除和维修的技能，能够进行电气设备的定期检查和维护。

（3）硬件和软件知识：熟悉船舶电气设备和系统的硬件组成和工作原理，包括发电机、变压器、电动机、开关设备、传感器等。掌握船舶电气系统的自动化控制和监控技术，了解船舶电气系统的数据通信和网络配置。

（三）能力结构

（1）安全意识：具备船舶电气系统的安全意识，了解相关的安全标准和规范，能够正确操作和维护电气设备，预防和应对电气事故和故障。

（2）团队合作能力：具备与团队成员协作的能力，能够与其他专业人员（如船舶结构设计师、机械工程师等）进行有效的沟通和合作，共同完成船舶项目中的电气工程任务。

（3）学习能力和创新精神：保持学习的状态，及时了解行业的最新技术和发展趋势，不断提升自己的专业知识和技能。具备创新思维，能够解决电气工程领域的实际问题，并提出改进和创新的方案。

二、专业教学的基本要求与核心课程介绍

船舶电子电气工程专业根据国际海事组织 STCW 公约马尼拉修正案和我国相关海事法规的要求，以"服务航运经济发展为宗旨，行业需求为导向，航海岗位职业技能培养为主线"，培养具有较强的实践技能和创新能力的高级应用型人才，将海船船员适任标准融入到日常教学中，实施学位教育与职业资格教育相融合的"双证书"培养模式，实现毕业生与工作岗位的"无缝对接"，确保培养出符合国际要求的航运人才。

（一）课程设置

本课程主要的教学内容分为理论教学、实践教学和船员专业技能适任培训三大部分。其中，理论教学和实践教学具有双重功能，既满足学历教育，又满足船员适应拟任岗位所需的专业技术知识和能力；船员专业技能适任培训是专门为满足职业证书而设置的。

船舶电子电气工程本科人才培养方案中，理论课程和实践课程共 171.5 学分，其中公共基础课 63 学分、1040 学时，包括马克思主义基本原理概论、高等数学、线性代数、概率论与数理统计、大学英语、大学物理等课程；学科基础课 25.5 学分、408 学时，包括电路原理、模拟电子技术、数字电子技术、单片机原理及应用、电机与拖动、自动控制原理等课程；专业课必修课 13.5 学分、216 学时，包括电力电子技术、电控与 PLC、船舶辅助控制装置、航海仪器等课程；专业限选课 29.5 学分、472 学时，包括船舶电站、主机监测与控制系统、GMDSS 综合业务、船舶电子电气英语等课程；专业任选课 6 学分、公共选修课 4 学分；集中实践 28 学分，共 35 周，包括基本安全培训、精通救生艇筏和救助艇培训、高级消防、精通急救等基本技能训练和船舶电站操作与维护、船舶电子电气管理与工艺、通信与导航设备维护、计算机与自动化等专业技能训练。具体的各教学环节和课程设置如图 2-2 所示。

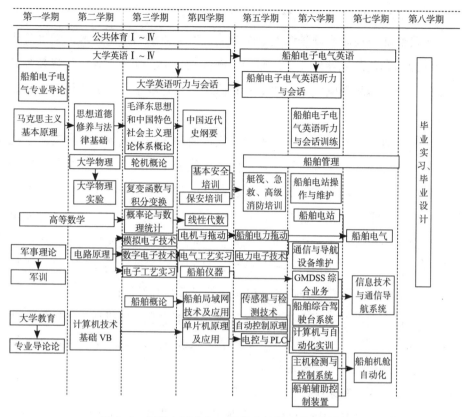

第一学期	第二学期	第三学期	第四学期	第五学期	第六学期	第七学期	第八学期

公共体育Ⅰ~Ⅳ

大学英语Ⅰ~Ⅳ → 船舶电子电气英语

船舶电子电气专业导论

大学英语听力与会话 → 船舶电子电气英语听力与会话

马克思主义基本原理

思想道德修养与法律基础

毛泽东思想和中国特色社会主义理论体系概论

中国近代史纲要

船舶电子电气英语听力与会话训练

大学物理

轮机概论

船舶管理

大学物理实验

复变函数与积分变换

基本安全培训

保安培训

艇筏、急救、高级消防培训

船舶电站操作与维护

船舶电站

高等数学

概率论与数理统计

线性代数

模拟电子技术

电机与拖动 → 船舶电力拖动

船舶电气

军事理论

电路原理

数字电子技术

电气工艺实习 → 电力电子技术

通信与导航设备维护

军训

电子工艺实习

船舶仪器

GMDSS综合业务

信息技术与通信导航系统

船舶概论

船舶局域网技术及应用

传感器与检测技术

船舶综合驾驶台系统

大学教育

计算机技术基础VB

单片机原理及应用

自动控制原理

计算机与自动化实训

专业导论论

电控与PLC

主机检测与控制系统

船舶机舱自动化

船舶辅助控制装置

毕业实习、毕业设计

图2-2 船舶电子电气工程专业教学环节和课程设置

（二）核心理论课程介绍

船舶电子电气工程专业是一个综合了船舶电子、电气、自动化、信息技术与通信导航以及船舶管理的学科领域。该专业的目标是根据国际海事公约和国家海事法规，结合行业需求，培养具备鲜明水上交通行业特色的本科生。专业课程以电气工程、轮机工程和航海技术为基础，并以船舶远洋运输为专业发展方向，培养适应船舶海洋运输、船舶电气设备设计与维护需要的高素质应用型人才。本专业学生主要学习电控与PLC、船舶机舱自动化、船舶电站、船舶管理、船舶导航系统等方面的基本理论和基本知识，进行船舶电站实操、船舶电子电工技术、船舶自动化、船舶电子电气员英语等方面的基本训练，核心课程如下。

1. 主机监测与控制系统

主机监测与控制系统是讲授船舶柴油机工况监测与控制技术，微机监测系统的控制和监测元器件的工作原理、操作、使用、管理、故障监测等方面技术的学科，是船舶电气专业的专业必修课，也是电子电气员适任证书考试内容之一。

船舶主机遥控是一种离开机旁的方式，通过驾驶台或集中控制室对主机进行远距离操纵。操作人员无法直接操纵主机的手柄或手轮，而是通过在操纵部位发出的操车信号与主机的执行机构之间设置逻辑与控制回路来实现操纵。主机遥控系统包括组合逻辑回路、时序逻辑回路、反馈控制回路和安全保护回路。主机遥控是轮机自动化的重要组成部分，也是实现无人机舱的必备条件之一。其优势包括改善轮机管理人员的工作条件，提高船舶的操纵性能，增加航行的安全性，并提高主机工作的可靠性和经济性。

本课程主要教学内容有：主机遥控系统基本概念、主机遥控系统的主要气动元部件、车钟系统及操作部位的转换、主机遥控系统中的逻辑与控制回路、主机遥控系统实例、监视与报警系统等。

主机监测与控制系统课程的特点是：

（1）它是一门应用型和实践性很强的学科，学完该课程应能对主机遥控系统进行操作与管理，是船员适任证书考试船舶机舱自动化内容之一；

（2）该课程内容涉及船舶柴油机以及电工学相关知识，对船舶电子电气专业学生有一定难度；

（3）强调理论与实践相结合，知识、经验与法规相结合。

本课程应达到的基本要求是：通过讲解主机遥控系统，使学生掌握主机遥控的基本理论知识，主机气动操纵系统和典型遥控系统的结构、组成和工作原理；熟悉和掌握常用主机监测和控制设备性能特点；了解和熟悉微机工作原理基本知识；掌握微机监测和故障诊断系统的基本工作原理及其在主机监测系统的应用，能运用监测设备进行主机故障分析。

2. 船舶管理

随着船舶操纵和控制模式的不断发展，对海船船员电气方面素质的要求越来越高，因此，从适岗的要求出发，在船舶电气管理和资源管理能力的应用上有了更高的要求。通过本课程的学习，确保学生掌握船舶管理基本理论和要求，同时为以后的船舶实践工作打下坚实的理论基础。

船舶管理课程的依据为 STCW 公约马尼拉修正案，是船舶电子电气工程技术专业的主要专业必修课程之一。本课程是建立在轮机工程专业的各项基础课程和专业课程之上的一门跨学科综合应用型课程，同时又是电子电气员职务晋升考试的必考课程，涉及的知识面广，实践性强。它必须在专业基础和其他专业课程学习完成的基础上进行学习，能够使过去学过的各门专业课的理论和管理方面的知识得到进一步的系统化。

本课程由国际公约和国内法规、专业基础基本知识及船舶机械工程系统、船舶电气方面管理、船舶资源管理四个相关的知识模块组成。各知识模块所包含的内容如下。

（1）国际公约和国内法规

① MARPOL73/78、SOLAS74、STCW78/95、2006 海事劳工公约的相关知识；②国内船员相关法规。

（2）专业基础基本知识及船舶机械工程系统

①传热学、力学基础、流体力学知识；②船舶主机及辅助机械；③船舶防污染程序与设备。

（3）船舶电气方面管理

①船舶安全用电；②电子电气管理。

（4）船舶资源管理

①船舶电气物料、备件管理；②机舱资源管理。

船舶管理的主要特点：

（1）本课程是实践性很强的学科；

（2）本课程涉及的国际及国内法规方面知识，理论性较强，操作内容较少，易造成教师照本宣科和部分学生缺少兴趣；

（3）本课程是原船舶管理（轮机管理）、船舶辅机、船舶电气、船舶安全与管理等课程的综合，课程内容涵盖广，重在理论结合实践，对国内部分院校在校期间无法上船实习的学生来说，学习难度较大；

（4）课程的内容有联系密切的系统性，因此要求学生首先掌握基本知识，然后通过具体案例，将理论知识应用到具体实践中。

3. 船舶辅助控制装置

随着科学技术的发展，新型船舶辅机设备在船舶上的应用越来越多。船舶柴油机在运行时，气缸套和气缸盖都需要用淡水来冷却，把冷却用的淡水温度控制在给定值或给定值附近，对柴油机安全、可靠和经济的运转都是十分重要的。燃油供油单元及净油单元可提供给柴油机运行所需要的合适的黏度、温度、压力的净化燃油，保证柴油机在安全运转情况下利用控制系统对锅炉的水位、蒸汽压力进行双位或定值控制，同时利用火焰感受器可监测炉膛内燃烧情况。通过对伙食冷库温度以及舱室内温度和湿度进行控制，可保证船员的日常成生活。

船舶辅助控制装置主要讲授船舶辅机的自动控制，包括冷却水温度控制、分油机和燃油供油单元的自动控制、船舶制冷和空调调节装置、船舶辅锅炉控制装置。

本课程主要教学内容有：燃油供油单元自动控制系统、分油机自动控制系统、辅锅炉控制系统、伙食冷库控制系统、船舶中央空调装置控制等。

船舶辅助控制装置课程的特点是：

（1）本课程是一门实践性很强的学科，是适任证书考试船舶机舱自动化内容之一；

（2）该课程涉及传感器等相关知识，需要学生能熟练掌握各类型传感器的基本原理。

（3）本课程须理论与实践相结合。

本课程应达到的基本要求是：通过讲解船舶辅助装置控制系统，学生掌握船舶辅助装置各控制系统的结构、组成和工作原理，并为船舶辅助装置控制系统的管理和故障分析奠定基础。

4. 船舶电力推进系统

船舶电力推进系统是船舶电子电气工程专业的一门专业任选课。船舶电力推进系统正在经历着巨大变革，受到电力电子器件、变流技术、传动控制系统、新能源和新材料等高新技术的影响。船舶电力推进是一项综合性很强的推进系统，涉及多个学科领域，如电动机制造、电力电子器件、变换器电路、控制理论和计算机辅助设计。推进新技术的研发和应用可以减少船舶和海洋环境的污染。它的推进系统体现了绿色航运和绿色船舶的环保节能理念。船舶电力推进将成为未来船舶动力领域的一个发展方向。

船舶电力推进系统的主要内容有：

（1）船舶电力推进中的螺旋桨基本理论、工作特性及螺旋桨对推进电动机的机械特性要求；

（2）船舶电力推进系统中所采用的推进电动机，包括直流推进电动机、多相异步推进电动机、多相同步推进电动机和多相永磁推进电动机；

（3）船舶直流电力推进系统，包括直流推进系统的主电路连接方式、简单的 G-M 系统、带蓄电池组的 G-M 系统、恒功率系统、恒电流系统以及带整流输出的交流发电机—直流电动机推进系统；

（4）交流电力推进系统中所采用的大功率电力电子器件及其构成的交—交变频器、多电平变频器、H 桥型变频器和电流源型变频器；

（5）交流推进变频器所采用的 PWM 技术，包括正弦 PWM、空间矢量PWM、特定谐波消除 PWM 及电流滞环 PWM；

（6）交流电力推进系统所采用的调速控制技术，包括标量控制技术、矢量控制技术及直接转矩控制技术以及特种推进电动机的控制技术，并举例分析了交流电力推进系统的构成及技术特点；

（7）船舶侧推装置的组成、原理、典型控制系统及其应用。

本课程理论性很强，为学生今后船上、船厂实践工作提供了理论基础，学生通过本课程的学习，对今后的相关研究和工作大有裨益。

5. 电机与拖动

电机与拖动是船舶电子电气工程专业的一门学科基础课程。通过本课程的学习使学生掌握各种电机的基本结构与工作原理，能独立分析电力拖动系统各种运行状态，合理的选择和使用电动机，为后续船上电力系统及相关设备的维护和管理打下坚实基础。

该课程的主要特点及内容：

（1）本课程相对其他学科来说，理论性与实践性都较强，因此在理论上将本课程分为四部分，分别为变压器、异步电动机及电力拖动、同步电机、直流电机及拖动。

（2）本课程理论与实践结合，充分利用学校的教学资源、实验设施，全面提高电机与拖动实验课程教学水平，培养出满足社会、企业需求的，真正能力强、素质高的电气类学生。

通过本课程的学习，学生应掌握交直流电机及变压器的基本理论、工作原理、特性及用途；了解电动机机械特性及各种运动状态的基本理论；熟悉电动机的调速方法和技术经济指标；掌握选择电机的原则与方法；掌握电机与电力拖动的基本实验方法与技能。本课程可为学生今后船上、船厂实践工作打下坚实的理论基础。

6. 航海仪器

现代航海仪器在实现船舶自动驾驶、提高船舶营运效益、保障海上人身安全、保护海洋环境等方面发挥着日益重要的作用。随着计算机网络技术、信息处理技术、通信导航技术等新技术的不断涌现和发展，船舶操控正在向自动化、信息化和智能化方向发展。现代航海仪器越来越多地利用了电子技术、计算机技术和自动控制技术。传统上分立设置的航海仪器设备或系统（如陀螺罗经、船舶导航雷达、卫星导航系统、测深仪、计程仪、船载自动识别系统等）逐渐走向组合，成为船舶综合驾驶台智能管理控制系统中的必要组成部分，并且不断地更新换代。航海仪器的发展为船舶提供了更加可靠的安全保障，促进了航海事业的发展，与此同时，也要求船舶驾驶人员和相关技术人员应具备与之相适应的技术知识。

航海仪器课程是船舶电子电气工程专业的主要专业课之一，在培养航海高级人才方面起着基础性和主导性的作用，在航海教育中占有重要地位。本课程综合了电航仪器、无线电导航仪器、船舶导航雷达等三门课程的教学内容，讲解了陀螺罗经、水声仪器、无线电导航仪器、船舶导航雷达的基本理论、结构和电路原理以及它们的使用与维修保养要求等内容。进入 21 世纪以后，随着航海科技的进步，船舶驾驶台又陆续安装了一些新型的电子仪器设备，如船载自动识别系统（AIS）、船载航行数据记录仪（VDR）、船舶远程识别系统（LRIT），这些知识内容也随之纳入本课程的教学要求之中。以上课程内容是 STCW 公约所要求的海船船员必修知识，也是国家海事局海船船员适任证书考试的必考内容。

航海仪器课程的主要内容有：陀螺罗经原理与应用、水声仪器原理与应用（包括测深仪与计程仪）、电子导航仪器的原理与应用（含卫星导航系统、船载自动识别系统、航行数据记录仪）、船舶导航雷达原理与应用、综合导航系统原理与应用。

航海仪器课程的主要特点有：

（1）本课程是一门跨专业的课程（航海技术专业、船舶电子电气工程专业），在不同的专业授课时应注意授课内容的取舍，知识的侧重点亦有不同；

（2）本课程是一门应用型和实践型学科；

（3）本课程涉及微积分、几何、力学、电路等方面知识，基础理论内容较多，对学生来说有一定学习难度；

（4）对于船舶电子电气工程专业，本课程是必修课，而对于航海教育类高校的其他专业如电子信息工程专业、通信工程专业等，可列为选修课程。

7. 船舶综合驾驶台系统

船舶综合驾驶台系统是船舶电子电气工程专业的一门专业选修课，是一个集成船舶信息探测和信息操作并能进行集中控制的综合系统，包括船舶通信系统、船舶导航系统、综合驾驶台系统三大模块，每部分的主要内容如下。

（1）模块——船舶通信系统：船舶通信概况、INMARSAT 卫星通信系统与设备、MF/HF 组合电台、船用 VHF 通信设备、NAVTEX 与气象传真机设备、紧急无线电示位标 EPIRB、搜救雷达应答器 SART。

（2）模块二——船舶导航系统：船用陀螺罗经、船用回声测深仪、船用计程仪、船舶卫星导航系统、船载自动识别系统 AIS、船载航行数据记录仪 VDR、船舶远程识别与跟踪系统 LRIT、船舶导航雷达系统。

（3）模块三——综合驾驶台系统：综合驾驶台系统与综合导航系统概述、

综合导航系统的配置和功能、综合导航系统的航行管理系统、综合导航系统的接口技术。

本课程的学习应达到的基本要求：了解和掌握船舶通信、导航系统的基本组成，不同类型的通信设备、导航设备的工作原理、工作过程和操作方法；掌握船舶综合驾驶台系统的配置、功能和维护方法；重点掌握船舶综合驾驶台系统的配置、功能。

船舶综合驾驶台系统的主要特点是：

（1）船舶综合驾驶台系统是一门应用性和实用性很强的学科；

（2）课程内容涉及航海仪器、GMDSS综合业务等多门学科，学习难度较大；

（3）必须满足STCW公约的相关要求，课程内容不断更新；

（4）强调理论与实践相结合，知识、经验与法规相结合。

（三）船员适任证书理论考试科目

国家海事局是我国的海事主管机关，其主要职责之一就是负责我国的船员适任资格培训、考试、发证管理。电子电气员必须经过系统的专业教育，并参加国家海事局主持的船员适任证书考试，考试合格后，方能取得任职资格。目前，船员适任证书理论考试科目有船舶机舱自动化、船舶管理、船舶电气、信息技术与通信导航系统、船舶电子电气英语。

船舶电气科目包含船舶电气基础知识、电力拖动、船舶电站三部分内容，考试涵盖了高等航海教育中船舶电站、船舶电力拖动、电机与拖动、电路原理四门课程的内容，考试大纲涉及的内容有：电机与拖动基础、电力电子学基础、交流电动机的继电接触器控制、交流变频调速及变频器、甲板机械及船用电梯的电力拖动、舵机电力拖动与控制、船舶电力推进系统、船舶电力系统一般知识、船舶同步发电机并联运行、船舶同步发电机电压及无功功率自动调节、船舶电力系统频率及有功功率自动调节、船舶电力系统继电保护、船舶电站自动化、船舶高压电力系统、船舶高压电力系统的安全操作和管理。

信息技术与通信导航系统科目包含电子及无线电技术基础、计算机及局域网、通信与导航系统三部分内容，考试大纲涉及的内容有：模拟电子技术、数字电子技术、无线电基础知识、计算机应用基础、船舶计算机网络、综合驾驶台系统（IBS）、船舶导航雷达、船载 GPS/DGPS 定位原理与接口、船载自动识别系统（AIS）基本原理与接口、船用测深仪、船用计程仪、船舶航行数据记录仪（VDR）功能及接口、船舶通信系统。

船舶电子电气员英语科目考试内容主要是与船舶电子电气工程有关的文献文章及英版专业图书资料、法规文件及常用术语、词汇词组等。作为船员适任证书理论考试科目，船舶电子电气英语考试大纲所列考查内容主要是与电子电气相关的，如船舶概论、船舶电气、轮机自动控制技术、船舶计算机网络、通信与导航设备、船舶管理、船舶电子电气函电书写等方面的英语阅读与写作能力。

第三章 职业本科航海专业人才培养分析与对策

第一节 航海专业开展本科职业教育的必要性及其对策

2019 年 9 月，中共中央、国务院印发了《交通强国建设纲要》，明确提出海洋运输业在促进海洋经济发展中起着不容忽视的作用。①复合型航运人才是海洋运输业的重要支撑，是现代海洋产业发展和航运业可持续发展的关键。他们拥有多领域的专业知识和技能，能够适应复杂的航运环境并应对各种挑战。这些人才具备广泛的能力，能够在航运管理、物流运作、船舶维护和安全管理等方面发挥重要作用。国际海事组织 (IMO) 强调海员作为全球贸易的关键工人，需要具备更高的专业技能和素养。现代航运业对海员的要求越来越高，他们需要具备先进的航海技术、船舶操作技能以及良好的沟通和领导能力。此外，他们还需要具备对环境保护、安全规范和国际法律的了解，以确保船舶运营的安全和可持续性。培养智能船舶运营中所需的高素质知识型、创新型、复合型技术技能国际海员人才。随着航运业的技术创新和智能化发展，船舶运营对人才的要求也在不断提升。高素质知识型海员需要具备先进的科技知识，能够熟练运用航海电子设备和自动化系统。创新型海员需要有良好的创新意识和解决问题的能力，能够应对新兴技术和挑战。复合型技术技能海员应具备多项技能，能够胜任不同职责和工作岗位，适应快速变化的航运环境。

---

① 史春林，马文婷.交通强国建设视阈下中国航海教育国际化研究 [J].交通运输部管理干部学院学报，2019，29（4）：38-41.

一、航海类人才供给短板分析

（一）普通航海类本科应用型人才供给不足

普通航海类本科、硕士及以上人员具备高水平的理论知识和出色的应急处理能力。然而，目前从事船员工作的意愿逐渐下降，平均从业年限也在减少，许多人选择了转行。令人担忧的是，在普通航海类本科毕业生中，只有不到25%有机会从事船舶工作，不到10%能够晋升至管理职位，人才流失问题日益严峻。

（二）职业教育培养的技术技能人才能力不足

中、高职毕业生是航运人才市场的主力军，然而，他们的知识面相对较窄，缺乏必要的管理经验。此外，他们的英语技能应用水平与国际船东标准存在较大差距。受限于固定的职业教育学制体系，很难培养出符合智能航运发展需求的人才。

（三）船员为航运界可持续发展提供的服务能力不足

近年来，我国船员总量和增长速度逐年下降，国际船员数量所占比例也在减少。在国际海员中，活跃海员的比例也在逐年减少。虽然与菲律宾、印度等船员输出国家相比，我国的船员教育和培训质量具有技能高、专业强、素养高等优势，但这种优势并未得到充分发挥。然而，正是这种优势能够为航运界提供高质量的可持续发展所需的重要服务。

二、航海专业开展本科职业教育的优势及关键

（一）提升全面服务航运界可持续发展的能力

为了加快培养多才多艺、具有创新思维的船员，需要建立一个完善的教育培养体系。山东交通职业学院的现代航海专业群在这方面展现了一定的能力，但仍有提升的空间。特别是在智能船舶操作、自动化机舱维护与管理以及"互联网＋"船舶应用等领域，可以进一步加强培训和教育。

（二）提升全面服务军民融合培养人才的能力

现代航海专业群在定向培养海军士官方面取得了重大突破，成为全国最大的海军士官培养基地。然而，随着海军装备升级和军民融合的国家战略推进，需要进一步拓宽军民融合培养人才的途径。这意味着需要加强与军方的合作，为士官培养提供更多的资源和支持，以满足军事需求和国家发展的要求。

（三）提升全面服务山东经略海洋战略的能力

现代航海专业群还需要进一步开展深度技术研究与社会服务。关注船舶海上航行安全、节能减排、防污染、港口通航等方面的问题，并提供相应的解决方案和支持。同时，还需要为航运企业走向国际市场提供人才支撑，以支持山东省的海洋强省建设。这意味着需要培养具备国际化视野和全球化背景的人才，并提供相关的培训和支持，使他们能够适应全球化竞争和合作的需求。

三、航海专业举办本科职业教育的基本内涵及策略

（一）基本内涵

"产教融合、校企合作"是职业教育发展的基本路径，需要倡导跨界办学理念，以水上运输产业为背景，提供优质服务。充分发挥职业教育的优势，创造新的机制，引领校企双元育人的本科职业教育运行方式。建立以"质量核心、校企双元"为特色的本科职业教育育人体系，确保教育质量和学生全面发展。促进大学文化、航海文化和航运企业文化的有机融合，为学生打造良好的育人环境。在这样的环境中，学生将能够全面发展专业技能，并与实际工作需求紧密结合。为航运界的可持续发展能力提升做出积极贡献，推动行业持久发展。

要实现这一目标，航海专业需要与航运企业建立密切的合作关系。通过与企业的紧密合作，学生可以接触到实际的航运操作和管理，并获得实践经验。这种紧密的校企合作关系还可以帮助专业教师了解行业的最新动态，保

持教学内容与实际需求的紧密匹配，从而提供高质量的职业教育。除了与企业的合作外，航海专业还应该充分利用先进的教育技术和设备。通过引入最新的教学技术和实验设备，学生可以更好地掌握相关知识和技能，并提高他们的实践能力。这也有助于提升教学质量，使学生能够适应快速发展的航运行业的需求。

（二）建设项目

（1）探索"产教融合、工学交替"高层次复合型技术应用人才培养模式。探索培养以"2+0.5+1+0.5"四段递进、工学交替为主要培养模式的卓越人才，将企业见习、顶岗实训、就业实习贯穿人才培养全过程，推进"1+X"证书制度试点项目，使主干课程教育与职业证书培养相融通。[①]

（2）构建职教本科课程体系。将基于岗位技能分析，建立一个三级递进的教育理念。这意味着将按照不同层次的学习目标，逐步提高学生的技能水平。此外，还将构建一个"三级递进、育训融合"的人才培养体系，旨在将理论知识与实践技能相结合，使学生能够更好地适应实际工作需求。为此，应设计四个模块化的课程体系，确保学生能够全面掌握所需的专业知识和技能。

（3）打造"双师型"师资队伍。将根据海事局的标准组建高素质的师资团队。这个团队由"产业教授＋高级船长／轮机长"这样的双带头人来引领，确保教学内容与行业需求紧密结合，学生能够从业界专家的指导下受益。

（4）提升实训条件。通过整合企业资源，建设船员考试评估中心，为学生提供更全面、准确的考核机制。同时，还将创建航海教学 VR 中心，通过虚拟现实技术提升学生的实践技能。此外，成立海事法规研究所，将进一步提升海事咨询服务能力，为学生和行业提供更专业的支持。

（5）增强社会服务。将寻求职业培训和技能考评的跨界发展路径。同时，提升海员方向等艰苦行业的吸引力，吸引更多的人才加入这些重要领域。此外，将契合"1+X"证书制度试点职业培训和职业技能证书改革要素，为学

---

① 方泽强. 本科层次职业教育：概念、发展动力与改革突破 [J]. 职业技术教育，2019，40（13）：18-23.

生提供更广阔的职业发展机会。

（6）加强国际交流。将服务于"一带一路"倡议，构建国际化的船员培养机制。同时，加强教师交流和互访机制，通过与国际教育机构的合作，促进师生之间的互动与学术交流。还将搭建交流平台，提升专业的国际化水平，为学生提供更广泛的国际交流机会，培养具备全球视野和跨文化沟通能力的人才。

（三）实施举措

1. 深化混合所有制办学体制机制改革

深化混合所有制办学体制机制改革是我国航海教育发展的重要方向。在这个过程中，采取一系列措施，旨在吸引更多企业参与多元化办学，提升航海教育的质量和实效。建立航运企业参与航海教育的良好环境。通过引入社会资本融入机制，吸引国内外大型知名航运企业参与专业群建设，形成多元办学格局。这样的合作有助于紧密结合航海行业的实际需求，提高教育的针对性和实用性。探索航运技术人员与骨干教师相互兼职兼薪制度，建立企业员工与学校教师的"岗位互换、薪酬置换"制度，甚至引入骨干教师持股制度，激励教师更好地投入教学工作，同时增进与航运企业的紧密合作。

2. 构建船员终身教育与培训体系

为了满足国际海事组织的 STCW 公约要求，将完善三级培训架构，包括支持级、操作级和管理级培训。推行育训结合、长短结合和内外结合的培训模式，以形成更加完善的职业教育培训体系。与海事主管机关的合作将推进"学分银行"建设，这将使课程证书更加融合，为船员提供全面的职业发展路径。

3. 建立全国海事师资教育培训基地

与海事主管机关合作，制定海事师资准入标准，以确保师资队伍的质量。同时，将建立全国海事师资教育培训基地，为培养海事师资提供有力支持。提升教师队伍素质和教学水平，更新教师职教理念，并提高教师运用现代信息技术的能力。

4.组建高水平、结构化教学创新团队

为了提高教育质量，将组建高水平、结构化的教学创新团队。这个团队将由高级船长/轮机长和教授领衔，各专业将形成教学团队。开展模块化教学，教师之间互补优势、分工协作，以提高教育质量。

5.建设全国领先的产教融合实训基地：

引入多元办学模式，并整合企业资源，以建设全国领先的产教融合实训基地。山东船员考试评估中心将成为全国领先的共享型公共评估中心。与企业共建共营航海VR教学中心，建设国家级舰船模型制作与VR技术融合基地。这些实训基地将提供实践训练、技术研究、学术交流和成果展示的平台，以提高学生的实际操作能力和创新能力。

6.成立海军退役军人教育培训联盟

主动对接退役军人主管部门，牵头成立"海军退役军人教育培训联盟"，推动退役军人学历教育、培训、就业有机衔接，为促进退役军人就业创业做出贡献。[①]

7.建设中国航海文化科普教育基地

与中国航海学会合作。这个基地将包括实训楼、教学楼和学生公寓，成为主要的教学和培训场所。此外，还将建设一座航海文化展馆，打造一个名为"三地—路—展馆"的物质文化展示系统。这个系统将展示中国航海文化在不同地区的影响和贡献。为了推广中国的航海文化，基地将创建一个以"同舟共济、领航四海"为口号的航海文化品牌。这个品牌旨在传承和弘扬中国的航海传统，并以此作为一个标志，推动中国船员职业教育的可持续发展。

8.跨境共建海外船员教育培训基地

计划与中泰职业教育联盟和一带一路职业教育联盟合作，共同建立海外船员教育培训基地。通过与中国航运企业的合作，这个基地将加快中国航海教育"走出去"的步伐。此外，中国还将与东盟国家开展更多的合作，共同培养航海人才，并探索跨境建立培训基地的可能性。

---

① 孙仕祺.军事人力资源再社会化对策研究——浙江退役军人教育培训联盟建设构想 [J]. 中国军转民，2019（9）：78-80.

通过跨境合作和输出优质航海教育资源，中国将为海外国家提供高质量的航海教育，为国际航运行业的人才培养做出贡献。这些努力将加强中国与其他国家在航海领域的合作，推动航海教育的全球发展。

航海专业职业教育作为一种特殊类型的职业教育，受教育和海事部门"双"监管。目前，受我国从事航海行业的人员数量在持续减少，国际船员输出不足，国内航海类人才从事航运工作的持久性明显降低，各层次航海类人才素质不一，与岗位的需求存在差距等一系列因素影响，急需探索出一条行之有效的航海专业举办本科层次职业教育的路径，以助推交通强国、海洋强国战略高质量发展，促进航运界可持续发展。[①]

第二节　航海技术专业人才培养现状分析和问题研究

一、我国航海高校专业技术人才培养现状分析

航海院校根据知识经济和科技发展模式制定了航海技术专业人才培养目标要求。航海技术专业人才应具备符合国家教育指导方针的优良品质，如热爱祖国、爱岗敬业、踏实肯干、团结协作、遵纪守法、服从命令。专业人才应具备海员航运管理职业道德和应变能力，能在国际交往中维护礼仪风范和祖国尊严。专业人才必须有明确的核心价值观，良好的综合素质，强调安全与环保意识、敬业精神，具备创新意识和国际竞争力。专业人才需要熟悉国际和国内相关法规要求，掌握远洋船舶驾驶和运输管理所需的知识与技能。

高科技现代化的航海技术在全球经济发展和贸易体系中扮演着重要的纽带角色。随着智慧海洋建设的推进，对航海技术的发展提出了更高的要求。在船舶领域，取得了新的突破，包括船舶的大型化、专业化、高速化和自动化等方面。这些进展为海上运输量的迅猛增长和提速提供了机遇，但也带来了严峻的挑战。然而，航海技术的快速发展也给航海工作人员的技能操作培

---

① 刘波.航海专业举办本科职业教育的必要性及其对策研究[J].武汉船舶职业技术学院学报，2021（1）：108-111.

养和环境保护带来了压力。当前存在一个问题是航海类高校的学生实践操作水平较低,缺乏良好的动手能力。这主要是由于航海教育主要停留在应试教育模式,缺乏适任性教育。

应试教育带来的弊端也日益显现,包括填鸭式教学和过度注重理论考试成绩等。学生还需要完成众多证书培训考核,导致无法向专业技术纵深方向发展。因此,为了适应航海技术发展的需求,需要改变航海教育的现状。航海类高校应加强实践操作的培养,提高学生的动手能力,使其更好地适应航海工作的实际需求。同时,航海教育也应该转变教育模式,注重培养学生的适任性,培养综合素质和创新精神。应该鼓励学生积极参与实践活动,培养解决问题的能力和团队合作精神。

目前,能够真正融入到一线理论教学和实践实训有效结合的双师型教师资源很少,致使教师专业水平进步不大,并与现实脱节,难以跟上现代航海科技发展的步伐。由此就严重影响了航海技术专业人才综合能力和素质的培养和提高。对此,我们应有十分清醒的认识,航海事业发展的前提,首先是航海技术的发展,航海技术的水平直接决定了航海事业的发达与否,航海事业的发展永远离不开有一支德才兼备的航海技术专业管理人才和科技研发人才[①]。

二、现行航海类院校专业技术人才培养问题研究

(一)理论知识与实践实训活动脱钩

航海高校在实施航海技术专业人才培养过程中,有教学内容与实践训练片面脱节现象,由此造成航海技术专业毕业生对航海应用性技术熟练程度和实践应用技能掌握不牢,致使所学知识的理论和实践的联系性和紧密度衔接不到位。主要原因是:其一,受传统教育方式和理念的影响,一些航海专业院校在实际教育教学过程中,过于重视理论知识的讲解和传授,校内缺乏与之配套的实践实训设备设施,学生实践操作机会和时间都很少,无法满足学

---

① 孙继祥.关于应用技术教学背景下航海技术专业实训课程改革探讨[J].智库时代,2019(08):184-185.

生实践需求，毕业后在实际工作中难以将理论知识熟练应用到航海技术实操工作中，使其管理与技能操作水平低，不能胜任本职工作。其二，随着航海事业的高科技发展，我国航海类高校的人才培养和教学目标不能紧跟时代发展步伐。目前，国际国内有许多航海中的一些先进技术还未引入到教学课堂中，学生对先进科学技术缺失太多，不能充分满足学生精细化学习和实践训练的需要。其三，航海技术专业教师教育教学水平不足，双师型教师匮乏。高水平双师型教师是人才培养合格的基本条件，现阶段许多航海技术专业教师匮乏，并存在教师老龄化现象[①]。还有一种不足，即具有丰富实操经验的老教师，缺乏新的科技理论作教学指导；而具备高深理论知识的博士等教师，又缺乏熟练的实践实训技能和经验，继而造成高精尖的双师型教师稀少。

（二）学生在校所学知识面较窄

学生在校所学的知识面相对较窄，缺乏与航海事业发展相关的管理、经济、法律等专业知识。这种知识短缺给他们在船舶领导岗位上带来了一系列问题。当担任船舶的领导者时，需要应对各种管理挑战和法律规定，而学生却未能全面理解和应对这些挑战，导致工作效果不佳。

缺乏相关的管理知识使得学生在船舶领导岗位上难以有效地组织和协调各项任务。船舶运营需要涉及人员管理、资源调配、时间规划等方面的能力，而学生由于缺乏相关培训，往往无法准确把握这些管理技巧。他们可能会面临团队协作问题、资源分配不当以及时间管理上的挑战，从而导致工作效率低下。

缺乏经济知识也给学生在船舶领导岗位上带来了困扰。航海事业中，经济因素是至关重要的。学生在学校通常只接触到基础的经济理论，却未能了解船舶运营中的成本控制、市场营销和财务管理等关键概念。这意味着他们可能无法做出明智的商业决策，无法有效地管理船舶的运营成本，最终影响到企业的盈利能力。

缺乏法律知识也对学生的船舶领导能力构成了挑战。航海事业涉及许多

---

① 曾妍焱.关于船舶驾驶专业人才发展的几点思考[J].中国水运（学术版），2007（02）.
252-253.

法律法规和国际公约，如海事安全规定、劳工法律等。学生们未接受过相关法律培训，可能对这些法规缺乏了解，难以合规操作。在船舶领导岗位上，他们可能会面临合同纠纷、安全违规等法律问题，而无法妥善处理这些挑战可能会导致严重的后果。

（三）航海技术专业实训课程设置不够合理

实训教学资源建设不达标，导致实训课程重视程度不够，并且设备仪器不完善。这使得学生在实训过程中无法获得充分的实践经验和技能培养。同时，实训目标设置不合理，实训课目的质量和数量也无法达到要求。此外，实训课程的安排与计划也存在不规范和不均匀的情况，导致学生无法有效地安排时间和精力来参与实训活动。应加大实训教学资源的建设力度，提供完善的实训设备和仪器，确保实训课程的质量和数量达到标准要求。同时，制定规范和均衡的实训安排与计划，使学生能够充分参与实践活动。

（四）航海技术教学理论与实训操作技能不匹配

实训教学资源建设不达标，导致实训课程重视程度不够，并且设备仪器不完善。这使得学生在实训过程中无法获得充分的实践经验和技能培养。同时，实训目标设置不合理，实训课目的质量和数量也无法达到要求。此外，实训课程的安排与计划也存在不规范和不均匀的情况，导致学生无法有效地安排时间和精力来参与实训活动，注重理论与实践的有机结合。可以通过增加实际案例分析、模拟操作和实地实习等方式，提升学生的实践能力和问题解决能力。教师还可以采用多种教学手段，如小组讨论、项目实践等，促进学生的主动学习和团队合作能力的培养。

（五）航海类院校在实践实训教学环节存在设备严重不足的重要问题

航海技术课程的核心在于实训教学，这意味着学生需要通过实践操作来掌握相关技能和知识。然而，航海领域不断涌现和更新换代的新技术和设备给实训教学带来了挑战。学校面临着购置实训设备的限制，主要原因是资金不足等。这就导致了实训设备的数量和质量无法满足及时跟进和要求。

由于设备不足，学生在实训过程中使用的设备与实践课程的要求存在差距，这给他们的学习和实践带来了困扰。此外，学校的资金投入不足与招生数量增加之间存在矛盾。随着学生人数的增加，实训阶段的设备短缺和陈旧问题变得更加突出。因为设备不足和陈旧等问题，学生的实习和技能提高没有得到有效的实施。他们无法在实践中真正运用所学知识，实践能力也无法得到有效提升。

为了解决这些问题，学校需要采取措施来改善实训教学条件。首先，学校可以寻求额外的资金来源，以购置更多的实训设备，提高设备的数量和质量。其次，学校可以与相关行业建立合作关系，争取技术支持和设备更新的机会。此外，学校还应该加强与企业和行业组织的合作，为学生提供更多实习机会和培训资源。

（六）现行航海院校所培养的专业技术人才缺乏创新意识和创造精神

当前，现行航海技术专业毕业生就业面临着一系列问题，而其根源则可以归结为传统的应试教育模式和观念对人才培养的影响。教学模式存在不足，过于注重理论知识的灌输，而对实践操作的培养不够重视。这导致学生缺乏开拓创新思维和实际操作技能的培养。现代船舶装备自动化技术的普及使得学生与实践脱节，无法及时了解并适应最新的科技信息和现代化管理技能。他们缺乏获取科技信息的能力，缺乏对自动化系统的实际操作经验，这在实际工作中会带来困难和挑战。毕业生和在职船员的实际操作技能普遍不高，特别是在危急时刻的应变处置能力和技术操作方面表现较差。这对一个船员来说是非常关键的技能，然而现有的培训体系未能充分培养这方面的能力，导致船员的技术水平有待提高。

因此，为了解决这些问题，应当采取一系列措施。

第一，教育机构应调整教学模式，注重理论与实践相结合，为学生提供更多实践机会，培养他们的开拓创新思维和实际操作能力。

第二，加强与行业的紧密联系，及时了解并引入最新的航海科技信息和现代化管理技能，确保学生的知识与行业需求相匹配。

第三，应加强船员培训和技能提升，特别注重危急时刻的应变处置能力和技术操作训练。通过模拟训练、实地实践等方式，提高船员在实际操作中的技术水平，使他们能够应对各种复杂情况和挑战。

（七）航海技术专业学生整体外语水平不高，尤其是外语口语水平差

我国培养的高级海员在外语交流方面存在一系列问题，这导致他们与国外相关方无法顺畅沟通。这种语言障碍严重影响了海事纠纷处理和港口检查等关键工作。最近的研究表明，言语沟通不畅是导致海外港口项目失败的原因之一。虽然航海类院校注重外语教学，但由于受制于学科型学习模式和专业性不强的限制，学生的外语能力普遍较差，特别是在职船员和管理者无法与外国船员正常合作。因此，各个用人单位建议航海技术专业学生在校期间应加强理论与实践的综合学习，以提高他们在经济、管理、法律、外语和人文社科等方面的知识应用能力。为了更好地应对实际工作需求，实习训练应得到加强，以培养学生的实际操作技能。此外，外语教学应重点培养英语、日语、韩语等小语种的口语综合应用能力，以满足与国际伙伴的有效交流。只有这样，才能有效地提高我国高级海员在跨文化交流中的能力。为了确保毕业生具备竞争力，他们的综合素质和技能需要全面提升。学校应该重视培养学生的团队合作、沟通技巧和领导能力，使他们成为具备全球视野和跨文化意识的专业人士。在课程设置方面，学校可以增加实践项目和案例分析，提供更多与实际工作相关的机会，以便学生能够将所学知识应用到实际情境中。

航海技术专业毕业生动手能力差。目前，在我国航海院校中，仅有大连海事大学、上海海事大学等少数几所航海高校拥有自己的实习船和比较完善的实习实训设备和基地，还有相当一部分航海院校的学生在校学习期间，并没有进行过商船认知实习和海上课程实习训练，学生在实践阶段，没有亲身操作和实训的机会，所以动手能力就差。航海技术专业教学有着其特殊性，按照其教学大纲的要求，紧密结合人才培养目标，严格要求实训教学必须让学生亲身到实船见习，其综合表现与毕业成绩挂钩。但是，由于船舶的造价

比较昂贵，实船实训支出费用高，一般学校为了节省和减少费用，都是主要采取和实习单位合作的方式，由学生实习的企业代完成此项实训计划，但是船舶公司也考虑自身所承担的责任和成本等综合因素，往往会简化程序甚至直接拒绝接收实习生，这就造成了航海技术专业学生无法如期圆满得到历练和实习的机会，学校和企业只注重形式上的学生实习，没有实质性的见习和实训过程，从而造成学生的实践能力不能得到有效锻炼和提升[①]。

在新发展格局下，我国许多高科技和新设备在航海领域得到了广泛推广和实际应用，航海类院校应紧跟时代的发展潮流。在航海技术专业人才培养目标和实施路径中，必须重视技能与技术的实操教学和训练，确保将最新的知识技能不断更新并及时传授给学生，这样才能更好地促进航海技术专业人才综合发展，培养出更多适合国内外航海事业发展的优秀航海技术专业人才。[②]

第三节　航海专业人才培养模式改革与质量评价体系

一、航海专业人才培养模式改革

（一）航海类人才培养模式改革的必要性

1. 金融危机对航运人才就业的冲击

自 2008 年以来的金融危机对航运人才市场造成了重大冲击。这场危机导致航运行业转向大型化船舶，因此企业在招聘航运人才时更加注重其质量和能力素质。航海类人才培养模式的改革势在必行，以满足行业对高素质专业人才的需求。

---

① 梅雄.关于提高我国航海类人才综合素质的若干思考[J].现代企业教育,2014(12): 63-64.

② 唐启师,尹建川.新时期我国航海技术专业人才培养现状分析和问题研究[J].珠江水运, 2022 (17): 68-71.

2.STCW 公约马尼拉修正案的实施对职业本科航海院校的影响

STCW 公约马尼拉修正案的实施对航海教育产生了深远的影响。为了适应修正案的要求，航海院校需要提前研究修正案对航运行业发展的影响，并相应地调整教学计划、教材和课程设置等方面。此外，航海院校还需要加强师资队伍建设和教学设备改进，以培养出具备国际竞争力的高质量航海专业人才。

航海类人才培养模式改革的必要性不仅在于应对金融危机对航运人才市场的冲击，还在于适应 STCW 公约马尼拉修正案的实施所带来的挑战。这两个关键点突出了改革的紧迫性和重要性。航海院校需要紧密关注行业发展趋势，并根据市场需求调整培养模式，以培养出符合行业要求的航海专业人才。

改革航海类人才培养模式需要全方位的改进措施，包括教学内容的更新、教学方法的创新和教学设备的升级等。同时，为了提高人才培养质量，航海院校还需加强师资队伍建设，引进具备国际视野和实践经验的教师。这些措施将有助于培养具有国际竞争力和适应行业发展需求的高素质航海人才。

航海类人才培养模式改革的必要性不仅是为了适应金融危机和 STCW 公约马尼拉修正案带来的挑战，也是为了推动航运行业的可持续发展。通过改革培养模式，可以培养出更多具备专业知识和实践能力的航海人才，为行业的创新和发展提供有力支持。只有不断适应变化的市场需求，航海人才才能在竞争激烈的环境中脱颖而出，并为航运行业的繁荣做出积极贡献。

（二）职业本科院校航海专业人才培养模式的特点及改革遵循的原则

航海职业本科教育是一种具有学历教育和职业教育双重性质的教育形式，它在国际上具备一定的规范性和通用性要求。这种教育体系的特点有几个方面：

第一，它注重培养学生的学历和适任能力，即学生毕业后能够同时获得学历证书和适任证书。这样的双重认证为学生提供了更广阔的就业机会和发展空间。

第二，航海职业本科教育非常重视实践教学。学生在校期间会接受大量的实际操作和实地实习，以增强他们的实践能力和技术水平。这种注重实践的教学方法有助于培养学生的动手能力和问题解决能力。

第三，航海职业本科教育还根据航海行业和不同岗位的需求设置相关课程。这意味着学生将接受与船舶操作、导航、船舶管理等相关的专业知识和技能培训。这样的课程设置可以帮助学生更好地适应实际工作环境，并为他们的职业发展做好准备。

第四，在管理层面上，航海职业本科教育采用半军事化的管理方式。学生需要遵守严格的纪律和规章制度，培养他们的团队协作和领导能力。这种管理方式有助于培养学生的责任感和组织能力，并使他们适应航海行业的特殊工作环境。

（三）新形势下航海职业本科教育人才培养模式改革探讨

1. 优化课程内容和课程体系

为了加强航海专业课程的针对性和应用性，计划进行一系列改革措施，以优化学生的学习经验和能力培养。将重组整合专业课程结构，突出主干课程和关键能力培养，确保学生在核心领域获得深入的专业知识。删除陈旧过时的内容，更加重视最新航海技术的知识补充。航海行业一直在不断发展，新技术和新法规的出现要求随时更新课程内容，以使学生掌握最新的知识和技能。根据国际公约和海事法规的要求，设置航海专业课程群，涵盖马尼拉修正案要求的知识点和技能。这样做可以确保教学内容与国际标准保持一致，为学生提供更好的就业竞争力。为了提高教学效果，将根据教学内容的系统性和学习顺序，重新划分《航海学》考试科目为四门课程。这将帮助学生更好地理解和掌握相关知识，减少学习负担，并提高他们的学习成果。

另外，将船舶设备和结构的内容与适任标准职能块对应，设置相关考试模块。这样可以帮助学生将理论知识与实际操作相结合，提高他们在实践中的能力。为了更好地组织课程，将把与船体结构、设备和货运相关的内容合并为《船舶结构与设备》课程，并安排在其他专业课之前教授。这样可以为学生打下坚实的基础，并使他们更好地理解船舶结构和设备的相关知识。此外，还将安排《船舶管理》课程在专业课之后进行，确保学生具备航海专业知识后再学习船舶管理内容。这样安排可以帮助学生更好地理解和应用管理原理，为他们未来在航海行业的管理职位做好准备。为了提高教学质量，将优化课程体系，减少重复，提高教学水平，并加强实践环节，注重能力培养。计划在相同学期安排实操训练，并与理论知识结合，以确保学生在实践中掌握所学知识的能力。通过这些改革措施，将为航海专业学生提供更加丰富和实用的课程内容，培养他们在航海领域的专业能力和素质。这些改革将使学生更好地适应航海行业的需求，并为他们的未来职业发展打下坚实的基础。

2. 加强教学方式改革，注重实践教学建设

教学方式和教学手段的改革需要适应教学内容体系的改革。在教育领域，教学方式和手段的改革与教学内容的改革密切相关。如果教学内容发生了变化，那么教学方式和手段也需要相应地进行调整。例如，在航海专业教育中，传统的教学方法可能已经无法满足学生的需求，因此需要采取更加灵活多样的教学方式和手段，以适应新的教学内容。课堂教学需要合理安排，注重实践和实习方式。航海专业的课堂教学应该注重实践和实习，而不仅仅是传授理论知识。通过实践和实习，学生可以更加深入地了解航海领域的实际操作和应用，提高他们的实践能力和技能水平。因此，在课堂教学中，应该合理安排实践和实习的内容，让学生有机会亲自动手操作，锻炼他们的实际操作能力。

专业课和实践教学应重点传授航海经历和经验。航海专业的教学应该注重传授航海经历和经验，帮助学生了解航海行业的实际情况和挑战。通过传授航海经历和经验，学生可以更好地理解航海领域的专业知识，并且在将来的工作中能够更好地应对各种情况和问题。安排持有船员证书的老师上船积累海上资历，记录相关经验和处理突发情况的过程。为了提高教师的教学水平和教学质量，在航海专业的教学中可以安排持有船员证书的教师上船进行实践，积累海上资历和经验。这样的做法不仅可以使教师更加了解海上工作的实际情况，还可以让他们记录相关经验和处理突发情况的过程，从而能够更好地将实践经验运用到教学中，提高学生的实践能力。

组织教师交流学习，将海上经验资料应用于教学中，缩短理论与实践的

距离。为了促进教师之间的交流和学习，可以组织定期的教师交流会议或研讨会，让教师分享彼此的海上经验和资料。这样可以帮助教师更好地将海上经验运用到教学中，缩短理论与实践之间的距离，使教学更加贴近实际，更加实用。实践教学目标是适应人才市场需求，提高学生通过全国海船船员统考实操评估的通过率，增强毕业生就业适应性，培养符合人才市场需求的航海专业人才。

建立新型实训教学体系，让学生亲自动手操作，提高学生的主动性和积极性。为了培养学生的实践能力和主动性，可以建立新型的实训教学体系。在这个体系中，学生可以亲自动手操作，参与各种实际情境的模拟和演练，提高他们解决问题的能力和应对挑战的能力。通过这样的实训教学体系，可以激发学生的学习兴趣，增强他们的学习积极性，培养学生综合运用所学知识、发现问题和解决问题的能力。航海专业的教育应该培养学生综合运用所学知识的能力，让他们能够在实际工作中灵活应用所学的理论知识。同时，还应该培养学生发现问题和解决问题的能力，使他们能够独立思考和解决实际工作中的各种挑战和困难。

3. 建设一支结构合理、专业技能扎实的"双师型"队伍

建立一个结构合理、专业技能扎实的师资队伍是至关重要的。只有拥有高素质的教师团队，才能为学生提供优质的教育和培训。为了实现这一目标，可以采取以下措施：

（1）引进航运企业高技能人才是一个重要的步骤。航运企业的专业人员具备丰富的实践经验和行业内最新的知识，他们可以为学生提供实践指导，使他们能够更好地应对现实挑战。引进这些高技能人才，可以提高教师团队的整体水平，并使其与行业保持紧密联系。

（2）建立轮训制度也是非常必要的。随着航运业的不断发展和技术的更新换代，教师需要不断提升自己的专业知识和技能。通过建立轮训制度，教师可以定期参与培训和学习，及时了解行业的最新动态和发展趋势。这将有助于教师保持专业素养，提高教学水平，并能更好地将最新的知识传授给学生。

（3）重视兼职和指导教师队伍的发展也是非常必要的。兼职教师和指导教师是教育体系中宝贵的资源，他们具有丰富的行业经验和专业知识。通过吸引行业专家和资深从业人员的参与，可以促进教师队伍的转型和优化。他们可以为学生提供实践案例、行业洞察和个人指导，帮助学生更好地理解航运领域的实际情况，并培养他们的专业能力和创新思维。

4. 深化"双证书"制度，推行"顶岗实习预就业"人才培养模式

推行"双证书"制度是一项有助于有效提升学生就业竞争力的新举措。该制度旨在采取顶岗实习预就业模式，使学生在毕业时获得学历证书和三副/三管轮适任证书，从而更好地满足航运企业的需求。在这一制度下，学生将有机会在求学期间参与顶岗实习，这为他们提供了宝贵的工作经验。顶岗实习是一种学生在实际工作环境中学习和应用知识的机会，这使得他们在毕业时能够具备更丰富的工作技能和经验。通过实习，学生不仅能够更好地了解航运行业的实际运作，还能够加深对相关岗位的理解，从而更好地适应职业发展的需求。

该制度的核心是学生在毕业时同时获得学历证书和三副/三管轮适任证书。学历证书是学生求学过程中所获得的学位证明，而三副/三管轮适任证书则是对学生相关职业能力的认证。这两种证书的双重获得将使学生在就业市场上具备更大的竞争力。航运企业通常希望招聘拥有相关证书的求职者，因为这些证书代表着他们在特定领域具备了所需的专业知识和技能。为了确保学生所获得的证书与航运企业的需求相匹配，学校应当与相关企业展开合作。这种合作可以通过与企业建立战略伙伴关系，共同探讨行业发展趋势和人才需求来实现。学校可以根据市场需求进行课程设置和调整，确保学生在求学期间能够获得与行业需求相符的知识和技能。这样一来，学生在毕业时所获得的证书将更具有市场竞争力，更有可能获得航运企业的青睐。

5. 坚持就业导向提高学生职业道德修养和综合素质

职业道德和综合素质的培养在学生教育中扮演着重要的角色。为了确保学生具备良好的职业道德素养，学校应采取措施加强教育，其中一种方式是通过公共选修课程等途径强制进行培养。为了培养学生正确的职业意识和道德观，学校可以采用案例对比等教学方法。通过引导学生比较不同案例，他们将能够理解正确的职业行为规范，并逐渐建立起良好的职业文化和企业文化。

加强就业指导和学术讲座也是提高学生综合素质的有效方式。学校可以邀请专业人士为学生提供就业指导，帮助他们了解职场的要求和挑战，并提供实用的职业技能培训。同时，举办学术讲座可以拓宽学生的知识面，激发他们的学术兴趣和思维能力。

实施半军事化管理也有助于学生综合素质的提升。通过加强纪律要求和组织管理，学校可以培养学生的自律性、责任感和团队合作精神。军事化管理模式可以让学生在规范的环境中培养自我管理的能力，使他们具备应对复杂环境和挑战的能力。

航海类职业教育改革势在必行，尤其是在面对金融危机及 STCW 公约马尼拉修正案实施后航运企业对航海人才要求的变化的情况下。作为培养高技能航海专业人才的院校，必须紧跟航运市场的人才需求变化，及时调整教学计划和改变教学、培训模式，才能培养出符合企业和市场需要的具备综合素质的高级航海人才。①

二、航海专业人才培养模式质量评价体系

（一）航海专业人才质量评价指标体系构建的社会政策背景

中国海运量占据全球市场的 26%，稳居世界第一，同时，航海业也负责承担我国国际贸易运输的 90% 份额，这一数字令人瞩目。然而，要实现成为航运强国的目标，中国的航运业面临着严峻的挑战，需要各方共同努力。

航海人才的培养是支撑航海业持续发展的关键。为此，教育部提出了建立职业教育人才培养质量评价制度的建议，以行业规范和职业标准为依据。2012 年，教育部和交通运输部就提高航海教育质量发布了一系列意见。这些意见包括创新培养模式、加强实践教学、提升英语教学水平以及培养高素质的航海人才等方面。

---

① 孔祥峰.高职院校航海专业人才培养模式改革研究[J].青岛远洋船员职业学院学报，2012（3）：45-47.

在这一背景下，航海职业教育人才质量评价指标体系的建立显得尤为关键。这个评价指标体系将在航海业的发展中起到重要的作用。它将为航海业界提供一个客观、科学的评估标准，有助于确保航海人才的培养质量和水平。通过建立合理的评价指标，可以鼓励学校和教育机构在航海人才培养方面进行创新，并加强对学生实践技能和专业素养的培养。这将有助于提高整个行业的人才储备和综合素质，推动中国航运业走向更高的水平。

在建立航海职业教育人才质量评价指标体系的过程中，需要综合考虑航海业的特点和需求，确保指标的科学性和实用性。指标体系应该覆盖航海教育的各个方面，包括课程设置、教学方法、实习实训、师资队伍等。同时，要注重国际化视野和专业技能培养，以适应航海业日益全球化的发展趋势。

（二）航海专业人才质量评价指标体系研究成果综述及问题分析

航海专业人才质量评价指标体系是一个有机整体，由多个指标构成，反映了航海专业人才培养各方面的特性和相互联系。这个指标体系的研究成果目前来说还十分匮乏，仅有少数相关研究可供参考。大多数相关研究主要集中在航海职业教育模式和航海职业能力培养等方面，对航海专业人才质量评价的研究还相对有限。

目前的研究存在四个主要问题需要解决。首先，航海专业人才质量评价指标体系的文献数量十分匮乏，研究成果不足。这意味着需要更多的研究来填补这一领域的空白。其次，现有研究缺乏系统性，往往只局限于特定人才培养要求，没有形成一个完整的评价指标体系。再次，现有研究缺乏历史性和持续性，未能结合时代政策和实践要求进行全面评估。最后，现有研究缺乏创新性和独特性，没有充分考虑航海职业的特点和要求，需要更具创新性的方法来评价航海专业人才的质量。

未来的研究需要建立在航海职业特点和职业要求的基础上，注重科学实用性。这意味着需要将航海职业的特点和要求纳入评价指标体系的设计中，确保评价的科学性和准确性。此外，未来的研究还应注重解决现有问题并完善航海专业人才质量评价指标体系，使其更加全面、系统和适应时代发展的要求。这需要研究者关注并结合时代政策和实践要求，以确保评价指标体系具有历史性和持续性。最后，研究者还需要具备创新思维，充分考虑航海职业的特点和要求，提出独特且创新的评价方法，以促进航海专业人才的培养和发展。

（三）建构航海专业人才质量评价指标体系的基准

航海行业作为国家发展的重要支柱产业，其航海人才的培养和评价至关重要。为了确保航海人才培养的有效性和质量，以下关键点应该得到充分重视：

1. 坚定政治方向引领

政治方向引领是航海人才培养的首要原则。航海人才应当树立正确的政治目标和人生价值取向，践行社会主义核心价值观，体现政治要素的指标。在职业生涯中，他们应具备良好的政治素养和道德品质，以成为忠诚、可靠的社会主义事业建设者和接班人。

2. 贯彻职业教育宗旨

航海专业人才是职业技能型人才，因此评价应该注重他们扎实的职业技能和胜任岗位的能力。评价体系应帮助学生培养实际应用能力，提高他们在航海行业中的职业素养和竞争力，使他们能够胜任复杂的航海任务。

3. 体现行业发展特色

航海业的发展给航海专业人才的培养提供了历史契机，而智能航海等因素也在不断影响着行业的发展。因此，评价体系应该关注学生是否具备适应行业发展变化的能力，包括对新技术和新挑战的应对能力。

4. 突出学生本位思想

评价体系应注重学生的全面发展、实践能力、终身学习能力、人格品质和解决问题的能力。通过培养具备批判思维、创新能力和团队合作精神的学生，能够更好地应对航海行业的复杂挑战。

5. 满足企业岗位需要

就业率和质量是重要的社会要素指标，评价体系应该关注学生就业情况和工作绩效表现。为了确保学校培养的人才能够适应行业的需求，学校和企业之间应加强合作，建立紧密的产、学、研用合作关系，共同推动航海行业的发展。

（四）建构航海专业人才质量评价指标体系的主要原则

1. 系统性原则

评价指标体系应该考虑到综合要素的要求，同时反映出指标之间的逻辑关系。这样可以准确地反映航海专业人才的系统要素特征和内在联系。通过系统性原则，评价指标体系能够更加全面地评估航海人才的质量。

2. 科学典型性原则

选择评价指标时必须具备科学典型性，能够真实地反映评价基准要求和人才培养的内在联系。评价指标体系的层级、设置、权重及评价标准都需要科学合理，确保评价结果的准确性和可信度。

3. 动态性原则

航海职业教育要求随着航海业和社会经济的发展而变化，因此评价指标体系应考虑到动态变化的特点和需求。这意味着评价指标要素需要随着时间的推移进行修订和更新，以适应不断变化的航海业和社会环境。

4. 实用性原则

评价指标体系应当具备实用性，能够为社会发展和行业需求提供服务。指标体系需要具备现实可操作性和可比性，能够进行定量处理，以便进行数学计算和分析。这样可以更好地满足实际应用的需要，并为决策提供有效的依据。

5. 体现专业特色原则

航海业具有国际性、地域性和专业性特点，这就决定了航海职业教育是极具专业特色的教育类型。在构建航海专业人才质量评价指标体系时，应当注意选取和确定体现航海专业特色指标，才能够真正对航海专业人才培养起到促进作用。[1]

---

[1]　郭会玲. 航海职教人才质量评价指标体系研究 [J]. 天津航海 ,2021(4)：53-56.

第四节　后金融危机时代航海专业人才培养对策

一、后金融危机对人才培养的影响

所谓后金融危机时代，是指 2008 年美国次贷危机后，全球经济触底、回升直至下一轮增长周期到来前的一段时间区间。航运企业应对金融危机最有效同时也是正确的措施主要是：控制运力规模；压缩运营成本；提高服务质量。这些措施的实施直接影响船员市场，进而影响到中国航海专业人才的培养。首先，运力规模的控制，必然导致航海专业人才需求的萎缩。从以前的"船员挑船"到"船挑船员"，一些责任心不强、能力差的船员就业困难，航海专业毕业生就业前景不容乐观。但综合素质好的高级船员有竞争力的。[①]其次，压缩运营成本要求航海专业人员有更加娴熟的专业技能、节约的理念和丰富的经验。最后，航运企业要求提高服务质量，必然以高素质海运人才为基础。因此，应充分认识到，航海专业人才培养已经受到了金融危机造成的"多米诺效应"的负面影响。

二、人才培养存在的问题

（一）生源过剩，院校间竞争加剧

若干年前，国际航运业的迅猛发展，使得船员需求量增加。原有航海院校的航海专业不断扩大招生规模；不少职业本科院校及其他综合型院校也开始增加航海专业。过热的航海教育，培养了大批航海专业人才。但金融危机造成船员需求量减少，势必出现航海专业毕业生就业难的问题。航海院校必须改变"没有数量就没有质量，盲目扩大规模"的思想，转向追求"没有质

---

① 翁石光.金融危机后航海类高职教育的改革思路 [J].航海教育研究，2010（4）：29-31.

量就没有数量，以质量求生存"，提高航海专业教育水平。①

（二）学生素质参差不齐，缺乏专业精神

在招生过程中，航海类学生通过"提前批次"录取，然而，他们对这一录取方式缺乏足够的了解，导致入学后思想波动，很多学生要求转专业。这种现象使得学生的素质参差不齐，对航海专业的认同度降低。此外，航海专业学生的入学成绩普遍不高，尤其是英语成绩不理想。这导致后续航海专业英语评估和适任证书考试变得困难，学生在英语方面面临着挑战。

（三）过于重视考证通过率，缺乏应用能力培养

学校过于注重适任考试的通过率，这导致一些课程只是简单地"串讲"考纲内容，而没有提供足够的实际应用能力培养。许多学生忽视了实际应用能力的培养，尤其是在英语教学方面。他们通常只是背诵考试内容，虽然可能通过了评估考试，但实际上他们的英语口语和听力水平并不高，无法在工作中熟练运用英语。

三、人才培养对策分析

（一）大力发展和扶植本科教育

在航海领域，需要对航海专业的培养规模和模式进行调整，以优先培养高质量的本科航海专业人才。这是因为随着船舶技术的不断发展，对船员的要求也越来越高。毕业于本科航海专业的学生具备扎实的理论基础、适应能力和管理能力，能够满足高层次人才的需求。过去，培养的人数可能过多，导致了竞争激烈但质量不高的情况。现在，应该减少招生规模，确保每个学生都能够得到充分的指导和资源，从而获得更优质的教育。纯理论学习无法满足现实世界对航海人才的需求。通过实践训练和实地实习，学生可以更好地理解和应用所学知识，并培养解决实际问题的能力。最重要的是，本科航海毕业生应具备扎实的理论基础、适应能力和管理能力。理论基础是他们在

---

① 汪益兵,孙峰,康捷.金融危机对中国航海职业教育的影响及应对[J].航海教育研究,2009（4）：15-17.

航海学科中掌握的核心知识和技能，为他们未来的职业生涯打下坚实的基础。适应能力是指他们可以适应不同的船舶和航行条件，具备应对突发情况和解决问题的能力。管理能力则是为了胜任管理职位，能够有效地组织和指导船员团队。

（二）职业素质和专业素质并重

在现实世界中，对航海人才的需求远远超过纯理论学习所能满足的范围。因此，通过实践训练和实地实习，学生能够更好地理解和应用所学知识，并培养解决实际问题的能力。理论学习固然重要，它为学生提供了航海领域的基础知识和理论框架。然而，航海是一门实践性极强的学科，需要学生掌握复杂的导航技术、海洋气象、航行规则等实际操作技能。通过实践训练，学生可以亲自操作导航设备、分析海洋气象数据，并在实地环境中熟悉航行规则。这种实践性训练可以帮助学生巩固所学知识，更深入地理解其中的原理和应用。

实地实习是培养航海人才的重要途径之一。通过参与实际航海任务，学生能够亲身体验航海工作的真实情况，面对各种实际挑战和问题。实地实习不仅可以让学生应用所学知识解决实际问题，还能培养他们的团队合作能力、应变能力和决策能力。在实习过程中，学生还可以与经验丰富的航海专业人士互动，从他们的经验中获取宝贵的指导和建议。除了理论学习和实践训练，培养解决实际问题的能力也至关重要。航海工作中常常面临复杂多变的情况和挑战，需要航海人才能够快速分析问题、制订有效的解决方案并迅速行动。通过实践训练和实地实习，学生能够培养解决实际问题的能力，提升他们的问题解决能力和应变能力。

（三）注重实践教学

应当高度重视实践教学的价值，致力于培养船员的实际操作能力。为此，需要建立一种全新的实训教学体系，不断增加综合性和创新性的实践内容，培养学生解决实际问题的能力。在这个实践教学体系中，可以通过模拟训练、实地考察、实习实训等方式，使学生能够亲身体验和应用所学知识。这种实践教学不仅仅是为了让学生掌握技能，更重要的是培养他们的问题解决能力、团队合作精神和适应能力。通过实际操作，学生可以更好地理解理论知识的实际应用，提高他们在船舶操作、海上救援等方面的能力。

（四）强化英语教学

应该加强英语教学。在航海专业英语教学方面，应该全面发展听、说、读、写等技能，并采用多种教学手段来提高船员的英语水平和专业水平。为此，可以引入更多的英语听力和口语训练，让学生通过模拟实际情境进行对话和交流。同时，提供更多的阅读材料和写作训练，培养船员的英语阅读理解和表达能力。此外，还可以开设专门的英语课程，针对航海领域的专业术语和实际应用进行教学，让学生在专业英语方面有所突破。

（五）加强教师队伍建设

对年轻的专业教师来说，应该提高他们的理论基础，让他们参加专业培训，并提供国外进修的机会。教师可以通过校企合作和实践经验的丰富，到船上担任职位，或引进有经验的专业人才兼职或全职授课。这样就能够建立一支高水平的专业教师队伍，实现教师从知识传授型向能力培养型的转变，提高航海教学的质量。

在中国从航运大国到航运强国的前进过程中，航运专业人才培养起着关键作用。在后金融危机时代，中国航运业应抓住机遇，进行航海专业人才培养的大胆改革。①

---

① 王婷，周奎，宋长亮.后金融危机时代我国航海专业人才培养对策 [J]. 船海工程，2011（4）：28-29.

第四章 职业本科航海专业人才培养的不同模式

第一节 航海专业人才混合式培训教学模式

根据《中华人民共和国船员培训管理规则》的要求，中国航海专业人才必须经过相关的强制培训，才能申请本专业职务晋升、航区扩大、功率提升及其他各类本专业相关的证书的考试和评估。目前我国航海专业人才培训主要是采取课堂授课的模式，特别是要考取管理级适任证书时，学员需要在学校学习三个多月。海事机构认可的航海专业教育培训机构不多，很多学员为了参加课堂学习就必须到学校附近租房子居住。由于海员工作的特殊性，本身他们在工作期间就不能跟家人团聚，为了学习，休假期间还要跟家人长时间分离，严重影响了学员的工作和生活。海员的培训学习属于成人教育，不同于普通学校教育，学员既是学习者，又是社会和家庭的一分子，承担着相应的责任和义务。[①]

综合教学模式是一种结合了课堂教学和网络教学的教学方法，旨在适应学员的不同工作和生活条件。这种模式的优势在于学员能够更合理地利用时间，更加人性化地处理家庭需求，并提高学习效果。通过采用教育软件和在线教学管理平台（如 Blackboard），可以打造一个集应用、交流和创新为一体的学习平台。现代高超的软件编程技术和网络信息技术使综合教学模式成为可行的选择。学员可以通过在线平台访问学习材料、参与讨论、完成作业和进行考试。这种灵活性使得学员能够根据自己的时间安排和学习需求进行

---

① 縻婷. 网络环境下成人自我导向学习能力培养研究 [J]. 继续教育，2015（33）：61-62.

学习，不再受制于固定的上课时间和地点。同时，学员之间可以通过在线平台进行互动和交流，分享知识和经验，促进学习氛围的形成。综合教学模式的实施还可以通过多媒体技术和互动式教学工具提供更丰富、生动的教学内容，激发学员的学习兴趣和动力。

一、开展线上线下相结合的混合式教学

（一）教师在课堂授课的同时，通过网络直播软件开启网络授课

混合式教学的基本理念是将传统教学和网络教学相结合，综合课前准备、课上知识传递、课后巩固提高，并穿插随堂小测、课后讨论互动等环节。[①]学员可以根据自身情况选择参与方式。居住在学校附近的学员可以到学校参加课堂学习，与教师和其他学员面对面交流。而外地学员则可以通过网络同步参加课堂，他们也能够参与课堂互动和随堂测试，通过网络与教师和其他学员进行交流。此外，学员还可以选择通过回放方式学习，以便灵活安排学习时间。

（二）保证网络授课的有效性

为了保证网络授课的有效性，教师可以利用网络课堂软件发布简单的题目，并设定限时作答。学员需要迅速回答问题，并且回答正确，这表明他们在课堂上认真听讲。如果学员不能及时回答或者回答错误，说明他们没有用心听课。通过这种方式，教师可以对学员的学习态度和效果进行评估和监控。对于学员审核处理方案，课堂问题的答案会公布，但不公布答题成绩。一旦授课结束，总成绩会公布，学员答题正确率低于80%的将取消参加考试的资格。他们需要再次进行有效学习后方可参加考试。这样的审核处理方案可以促使学员更加认真地参与课堂学习，提高他们的学习积极性和效果。

（三）学员上课情况审核处理方案

在混合式教学中，课堂授课学员无须答题，只需做好考勤记录。这样可

---

① 李建荣. 线上线下混合式教学探索与实践 [J]. 教育教学论坛，2019，9（37）：164-165.

以确保线上线下学员都能有效参与学习并取得良好的学习效果。考勤记录的管理可以帮助教师了解学员的学习状况，并对学员的学习进展进行跟踪和评估。通过这种方式，教师可以及时发现学员的学习问题，并采取相应的措施加以解决，从而提升整体教学质量。

二、建设优质在线课程

（一）鼓励部分学员充分利用船上空余时间学习

目前的航海专业考试培训要求学员必须离开船只才能参加培训学习。然而，对一些进行近海航行或从事特种任务的船员来说，这意味着巨大的时间浪费。幸运的是，随着网络信息技术的迅猛发展，一些船只可以保持长时间的网络连接。如果能够为广大海员提供在船上学习的机会，他们将受到经济利益和社会压力的驱动，有动力充分利用航行期间的空闲时间进行学习。

如果没有这样的学习机会，海员们只能在单调乏味的环境中消磨时间，很难找到自主学习的动力。结果就是他们会将大量的闲暇时间浪费在游戏和娱乐上。然而，事实上，管理级船员和操作机船员多数都是国家培养的高素质航运人才，他们在海上的空闲时间未能得到充分利用，不仅对国家和社会来说是巨大的浪费，对船员本人也是如此。因此，应该意识到提供船上学习机会的重要性。通过利用网络信息技术，为海员们建立在线学习平台，提供各种航海专业课程和培训资源。海员们可以通过这些平台随时随地进行学习，不再局限于离船时才能参加培训。这将极大地提高他们的知识水平和技能能力，不仅使他们成为更加优秀的船员，也能为国家的航运事业做出更大的贡献。当然，为了激励海员们积极参与学习，还可以采取一些措施，如设立奖励机制或提供学习成果的认证。这将激发海员们的学习动力，使他们更加专注和努力地学习，同时也为他们提供了晋升和职业发展的机会。

（二）建设在线学习网络课程

互联网教育不受时间和空间因素的限制，任何人、任何时间都能够通过互联网来进行学习。① 海事管理机构可以组织相关教师建设在线课程，能保持船上大部分时间有网络的学员，在海事局报名获取教学资源后，在船工作期间也可以在线学习。同样，既然是强制培训就必须有强制规则，在线课程平台设有全面的跟踪和日志功能，对每一个学生的学习情况都进行了全程跟踪，判断学生学习的主动性、创造性和积极性，从而实现对学生学习过程的评价。②

（三）学员在线学习状况审核分析和处理方式

要保证学员能有效地对课程进行系统的学习，需要对他们的学习状况进行数据分析。数据分析主要包括数据的采集、处理、加工及分析等步骤。数据分析可以帮助学员有效完成学业。③ 如教学平台（如 Blackboard）具有课件设计、制作、管理功能，以及用户管理和学习过程跟踪功能。

在课程首次播放过程中，禁止暂停视频课程以防止学员不认真听课并查阅资料后答题。只记录首次答题成绩，再次播放的答题成绩不计入总成绩。课程播放过程中不能快进或跳跃式播放，以确保学员的上课质量。学员需要在规定的时间内完成课程培训（4 个月或 6 个月），否则培训学习无效。为防止代替学习，学员在线上课程学习期间需要开启电脑摄像头并全程录像，上传到线上课程的加密资源包。海事部门可以随时抽查学员的学习录像，如果发现代替学习或视频不清楚的情况，将被认定为培训学习无效，学员不能参加相应科目的考试。

三、建设线下学习资源包

（一）为有能力的远洋船舶船员提供学习支持

远洋船舶在航行过程中，通常会面临网络信号不稳定的问题，这意味着

---

① 郭鹏飞.网络数字化下成人教育教学模式的改革创新［J］.中国教育学刊,2016,02（3）:215-216.

② 何启旻.现代远程教育中网络课程平台的设计与开发［J］.贵州广播电视大学学报,2013,09（3）：13-16.

③ 叶俊民,陈曙,郭思培,等.线下学习数据的分析方法研究［J］.电化教育研究,2016,12（7）：52-59.

大部分时间船员无法接入网络。然而，为了满足远洋船员在船上的学习需求，海事机构可以采取一系列措施，以确保他们能够获得必要的学习资源。

海事机构可以组织专业教师建立线下学习加密资源包。这些资源包包括了航海知识、技能培训、海上安全等内容，以满足船员们对于学习的需求。资源包的内容经过精心编排，以确保学员能够系统地学习相关知识，并提供所需的实践指导和案例研究。要获得资源包，学员需要在海事机构的官方网站上报名注册，并获得一个个人学习账号。通过学习账号，学员能够获得线下学习加密资源包的下载权限。这种方式不仅确保了资源包的安全性，同时也避免了资源的非法传播和盗用。一旦学员成功下载资源包，他们就可以在没有网络的条件下进行学习。资源包的设计和编排考虑到了这一点，因此学员可以在船舶航行期间随时随地进行学习，无须担心网络问题。无论是在船上的闲暇时间，还是在航行任务之余，学员都可以利用这段时间来提升自己的技能和知识水平。此外，资源包的加密方式也确保了学习内容的私密性和安全性。学员们可以放心地进行学习，同时不用担心他人窥视其学习进程或窃取学习材料。这种安全措施为船员们提供了一个安全、私密的学习环境，让他们能够更加专注和深入地进行学习。

（二）学员线下自主学习情况审核和处理方案

学员与在线课程同步进行学习，他们观看视频课程并回答相应的问题。为了确保答案的准确性和保密性，学员将答题结果存储在加密资源包中，这样别人无法查看或更改答案，学员也不能再次回答相同的问题。为了监督学习的过程，学员在学习期间必须开启摄像头全程录像，并将录像资料保存在加密资源包中。一旦船舶靠港并获得网络信号，学员就可以将他们在学习期间创建的加密资源包上传至海事机构教学平台网站。教学平台提供了分析工具，用于对学员的学习情况进行数据分析，并给出平时答题成绩并进行汇总。

只有符合一定条件的学员才能参加相应科目的考试，这些条件包括答题正确率达到 80% 以上和影像抽查结果良好。另外，学员从开始学习到参加考试的时间不能超过 10 个月。

如果通过评判学习情况的加密资源包无法满足考试要求，学员将需要重新参加培训学习。这样的机制确保学员必须认真学习并参加培训，以达到学习成果和考试标准的要求。

（三）对课堂之外参加学习的学员提供学习互动平台

海事管理机构提议与各学科教师合作，创建针对海事局报名学员的答疑QQ群或微信群，以促进学习交流。报名参加学习的学员需要主动加入答疑群，并可随时在群内或线上课程中探讨问题。为避免信息过度冲击，教学可以通过"群文件"的形式参与问题讨论和解答，以确保学员能够看到教师的回复。当学员遇到问题时，可以先在"群文件"中查询是否有相关解答，如无，则可以在群内进行讨论。

通过对大学生网络教学效果的调查研究，发现很多学习主动性强的学生能够接受网络教学，并且能取得不错的教学效果。但是许多大学生自主学习的意识不强，在没有教师监控的情况下，学习质量很难保证。参加培训学习的学员不再像在校的大学生一样生活无忧无虑，他们大都是在船上工作的在职船员，因为社会生活压力和工资待遇等方面的影响，都希望能通过学习在最短时间内完成各项考试，然后能顺利就职和升职。所以他们有足够的压力和动力参加学习，有很高的学习主动性。如果国家海事部门能够提供文中所述的综合学习平台，让有条件、有能力的学员通过网络参加培训学习，不但能有效利用他们的空闲时间，提升社会效益，而且能取得不错的学习效果。[①]

第二节　航海专业人才培养对智能航运发展的适应

随着人工智能技术的迅猛发展，各行各业纷纷加快了产业转型的步伐。在我国，发展人工智能已被确立为国家战略，这进一步显示了人工智能技术的重要性。而在航运业领域，人工智能技术的应用也越来越广泛。早在2006年，国际海事组织（IMO）就提出了 e-Navigation 的概念，旨在利用现代技术提高航海安全性和效率。随后的几年，航运业开始探索智能船舶的研发，

---

① 徐振洪.航海专业人才混合式培训教学模式探讨 [J].武汉船舶职业技术学院学报，2021（2）：84-86.

并在 2011 年，日本成功建造了首艘载重 4500 标箱的智能集装箱船。这标志着智能航运的正式诞生。2018 年，全球最大的无人船海上测试场在中国珠海万山正式启动，此举进一步加速了智能航运技术的研究和创新。可以说，智能航运领域的进展日新月异，取得了许多令人瞩目的成果。"智能航运不是不能实现，而是何时实现"，这已成为业内人士的共识。因此，航海专业的学生需要及早认识到航运业的发展方向，并不断提升自身素质和竞争力，以更好地适应市场需求。他们应当关注最新的技术趋势，掌握人工智能在航运领域的应用，为未来的职业发展做好准备。

一、智能航运发展趋势及对未来船员的素质要求

随着智能航运的快速发展，传统船员的工作将被人工智能机器所替代，从而导致船上的人员数量减少。

对即将进入航海专业的学生来说，他们需要更加注重提升自己的综合素质，并了解航运业的发展方向和趋势。此外，他们还需要做好心理和专业上的准备，以适应智能航运带来的变化。

未来的船员需要具备自适应航运业发展的能力。他们需要掌握足够的知识、经验和技能，包括基本的船舶操控技术，以及人工智能、远程遥控、远程通信、大数据等高精尖技术。只有掌握了这些能力，船员才能更好地适应智能航运的发展，并为船舶的运营提供良好的支持。

智能航运不仅将带来传统航运方式的转变，还将推动航运业的智能化和数字化发展。这不仅仅是对船员自身的要求，也是对整个航运行业的发展趋势。只有适应这种趋势，并不断更新自己的知识和技能，船员才能在未来的智能航运时代中获得更多的机会和发展空间。

二、智能航运对未来航海专业人才的需求

智能航运时代，未来智能船舶"船员"不仅要在业务上能够从事传统航运业务的运作和船舶的运营与维护，而且要能够运用人工智能技术完成技术含量要求较高的工作。

智能航运对专业知识要求更高。智能航运是在传统航运的基础上生成和发展来的，所以要非常深入和全面地学习传统航运的专业知识，并在此基础上学习智能遥控技术、人工智能算法、云计算和大数据技术。

智能航运要求"船员"职业技能更加熟练和精通。驾驶船舶是船员的基本功，而随着智能航运的发展，"船员"还应精通岸基远程控制、人机交互和远程故障诊断等技能，以便更好地胜任远程控制船舶工作。

在综合素质方面，需要未来船员具有创新思维能力、研究思维能力和大数据思维能力。

三、适应智能航运发展需求的专业人才培养方法

（一）树立培养目标

智能航运时代强调航海专业人才具备"技能＋研发＋创新"的综合能力，要求船员能够综合灵活运用多个学科知识。因此，航海专业学生除了要熟练掌握基本船舶驾驶技术、轮机工程和船舶电子电器基本知识外，还需了解人工智能技术、控制管理理论、大数据技术、远程通信技术。只有将学生向复合型高端人才方向培养才能够保证学生能够胜任远程正确处理船舶各种突发状况的工作，保证学生在智能航运时代具备强有力的竞争力。

（二）转变教学方式

结合智能航运发展需求看，未来航海专业学生要学习和掌握的知识将更多更复杂，以教师为核心的传道授业解惑的学习模式将转变为以学生自学为主的主动学习模式，可以组成研究小组、挑战小组等，提高学生学习的参与度和兴趣，提高学习效率和学习效果。

（三）创新学习模式

目前，航海专业教学内容主要是传统航运知识，航海专业学生面对课内资源不足的现状，必须建立起课内外知识学习互为补充的新学习模式，利用网上学习平台学习与智能航运相关的知识，提高自身综合素质。融通线下与线上，多与老师互动，解决问题提高效率，积极参与学科竞赛、科技竞赛社

团活动和社会实践等，将理论运用于实际中，锻炼实践能力、创新意识、创新精神和创新能力。

（四）优先选择智能航运企业就业

目前无人驾驶船舶技术还只在部分企业内研究，而大部分企业仍专注于传统航运业。航海专业学生在就业选择时应优先选择涉足智能航运技术并走在前列的企业；而企业运营以市场需求为导向，优先选择趋向于产业未来发展方向的企业就业，则更利于学生就业后的长久发展和综合素质提高。①

第三节　航海技术专业"二元制"人才培养模式

一、航海职业教育面临的形势

（一）船员紧缺困境

据报道，目前全球高级海员的缺口问题日益严重。根据预测，到 2025 年这一缺口可能会扩大到 15 万人，接近总需求的 1/5。我国也面临着高级海员紧缺的挑战。与此相关的一个问题是，航海专业的毕业生中只有低于 13% 的人选择从事船员职业。此外，职业本科类航海技术专业的报考人数逐年下降，通过考证的毕业生数量也极为有限。这给航运公司的招募工作带来了极大的困难，并且局势难以改善。要建设航海强国，必须拥有充足且高素质的自有船员队伍。这需要采取积极的措施，如鼓励更多航海专业毕业生从事船员职业，提高职业本科类航海技术专业的吸引力，增加高级海员培训机构的数量，并加强与其他国家的合作，以解决这一紧迫的问题。只有通过这些努力，才能确保航运业的可持续发展并实现建设航海强国的目标。

---

① 余玲,梁民仓.航海专业人才培养如何适应智能航运发展[J].水运管理,2020(12): 38+40.

（二）航海技术职业教育的特殊性

人才培养对确保航海行业的安全性和可持续性起着至关重要的作用。为此，人才培养必须具备一定的强制性规定，包括教育课程、海船船员适任证书考试和评估等内容。为了确保学生获得全面的培训和经验，企业学徒阶段需要呈现出一定的分散性。这意味着学生需要在多条船上进行师徒式学习，以便更好地掌握各种航海技能和知识。这种分散式的学徒制度可以使学生获得更广泛的航海实践经验，同时也促进了不同船舶之间的交流和合作。然而，学徒制度也存在一些挑战和问题。首先，学徒制度所需费用较高，而且存在较大的风险。航运企业需要为学生提供培训和实践机会，并为此支付成本。尽管如此，航运企业对学徒制度的接受度相对较低，可能是由于高成本造成了一定的压力。同时，航海职业的吸引力也在逐渐下降。一方面，工资差距的缩小导致了该行业的吸引力减弱，学生对从事航海职业的意愿也相应降低。另一方面，招生政策限制了有意向的学生入学，这也限制了航海职业的发展和人才储备。

（三）探索新人才培养模式的必要性

随着全球经济的快速发展和对海洋资源的不断开发利用，航海职业的需求也在不断增长。航海职业教育作为培养船员及相关专业人才的重要途径，面临着一系列的挑战。在面对这些挑战时，探索新的人才培养模式变得尤为必要。首先，航海职业教育需要借鉴国外先进的培养模式和经验，积极引进国际化教育资源，提升教学质量和水平。其次，应当加强与企业的合作，开展实践教学和校企合作项目，提供更多实际操作和应用技能培训。此外，还应加强航海人才的综合素质培养，培养学生的团队合作能力、跨文化交流能力和创新能力。

二、基于"二元制"的航海技术职业教育培养模式设计

（一）工学交替进阶式课程体系设计

职业本科航海技术专业学生毕业后，他们有资格担任无限航区 500 总吨

及以上船舶的三副岗位。为了满足这一要求，课程设计必须符合《海船船员培训大纲》（2021 版）对 500 总吨及以上船舶的二、三副的要求。为了确保学生毕业时具备所需的技能训练，设计了突出实践教学的工学相结合的课程体系。这种设计能够使学生获得实际操作的经验，并将其应用于职业需求中。学生需要通过国家海事局组织的职业资格证书考试，以获得相应的职业资格。这些考试将评估学生在航海技术方面的知识和能力。采用了一种 0.5+1+1+0.5 的校内外工学交替进阶培养模式。这意味着学生将在校期间和船上轮换培养。这种安排使学生能够在实践中应用他们在课堂上学到的知识，并且能够适应真实船舶环境。在培养过程中，学生需要获得基本安全培训证书（Z01）和保安意识培训证书（Z07）。这些证书确保学生具备基本的安全意识和技能，以确保他们在船上的安全。

在第一学期，学生将接受在校培训，其中包括基本安全培训和保安意识培训。这将为第二学期的船上实习做好准备，让学生能够适应船舶环境并开始实际操作。第二学期，学生将进行船上的认知实习，他们将熟悉船体结构和设备的使用。这有助于加深他们对船舶操作和管理的理解。第三学期，学生将在船上担任值班水手岗位，参与航行和停泊的值班，并接受驾驶员的指导和培训。这使他们能够亲身体验航海工作的责任和挑战。第四和第五学期，学生将返回学校，完成三副考证的理论和实操培训。他们将参加相应的考试，以获得三副职业资格。这个阶段将进一步加强他们的航海技术和领导能力。第六学期，学生将进行三副的见习。这将是他们在实践中应用所学知识的机会，为他们未来的航海职业生涯做准备。

通过这样的培养过程，职业本科航海技术专业学生将获得全面的航海技能和知识，使他们能够胜任无限航区 500 总吨及以上船舶的三副岗位。航海技术专业工学交替进阶式课程体系，如航海技术专业工学交替进阶式课程体系图 4-1 所示。

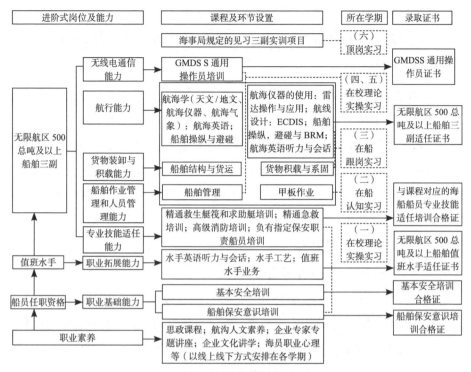

图4-1　航海技术专业工学交替进阶式课程体系

（二）多企共同深度、全方位、创新参与校企合作模式设计

航海技术专业传统的学徒制培养由于受到专业的特殊性的限制，多以订单班的形式开展。其形式往往是学校招生，学生进校后航运企业到校，企业、学生双向选择，组建订单班，企业派人进校参与部分课程的教学，利用公司船舶靠本地港口的机会组织学生到船上参观。由于学生并非公司的员工，这种模式对学生缺乏约束力。经实地调研和访谈后，发现所有公司都担心学生毕业后不选择到本公司就业。因此，企业不愿意过多地投入资金和精力安排学生到船上开展真正的实习和进校参与学生培养，航海技术专业订单班的模式往往流于形式，企业积极性不高，学生受益不大，难以大规模地推广复制。作为用人单位的航运企业，掌握着航海技术专业人才的最新需求标准及行业发展态势，但往往未能真正参与到人才培养过程中，从而导致高校培养的航海人才与企业的需求不相适应。企业在人才紧缺的当下，只能先招工再培养，这种情况一方面对企业人才梯队的建设非常不利，另一方面也阻碍了学生职

业发展的进程。①

为扭转这种不利的局面，新的培养模式下的校企合作，需要企业从以下几个方面深度参与：

1. 招生模式转变

为了更好地满足航运业对高素质人才的需求，将进行招生模式的转变。首先，招生主体由企业进行招工式招生，学校协助，学生入校即入职，使学生在接受教育的同时能够直接参与实际工作。其次，以自主招生为主，招收高中和中职毕业生及企业现有员工，为不同层次的学生提供机会。此外，还将重点招收偏远贫困内陆地区的学生，并与当地劳动就业部门合作，实施精准扶贫政策，打破地域阻碍。

2. 企业深度参与的教学管理模式

为了提高人才培养的实效性和适应性，建立校企"二元制"管理部门，由学校和企业共同制订人才培养方案。学校将负责理论教学和部分实践课程，而企业导师则负责实践技能培训和考核。学校教师和企业导师将共同参与学生实践教学，根据学生的个体差异实施因材施教，开展个性化教学。为了保证教学质量，需要建设和管理师资队伍，不仅要不断完善学校师资队伍，还要培养企业导师，并建立考评和奖励机制。

3. 多企同时参与，共同助力航运振兴

为了提高人才培养的广度和深度，鼓励多个企业共同参与培养航运人才，解决单一企业无法满足实习需求的问题。航运企业需要转变观念，从竞争转向合作，共同为国家培养航运人才。参与的企业将根据学员数量分摊培养费用，确保公平合理。此外，地方航海协会将发挥重要作用，组织协调当地企业参与人才培养，促进跨地域合作，共同推动航运振兴。

三、基于"二元制"的航海技术职业教育培养模式的制度保障

实施职业本科航海技术专业的"二元制"人才培养模式，需要得到教育主管部门和海事主管部门的政策支持，这一点至关重要。

---

① 郑尚龙，杨神化，曹宝根，胡稳才. 新工科背景下校企合作人才培养模式：以集美大学航海技术专业为例 [J]. 集美大学学报 2022，23（1）：81-87.

（一）国家和各省市教育主管部门的支持

"二元制"改革政策是一项旨在推动职业本科教育改革的政策措施。为了实施这一政策，各省市纷纷制定了相应的改革方案。2016年，福建省教育厅等五个部门发布了实施"二元制"改革试点的通知。这份通知明确了试点任务的内容，包括改革招生考试办法和转变教学方式等六方面。通过改革招生考试办法，试点学校能够更加科学地选拔适合职业本科教育的学生，提高人才培养的质量。同时，转变教学方式旨在引入实践教学、项目实训等教学模式，培养学生的实际操作能力和综合素质。

为了进一步推进"二元制"改革试点，福建省教育厅陆续发布了一系列关于加强教学管理和深化改革的通知。这些通知旨在规范"二元制"人才培养模式，确保试点学校按照规定的标准和要求进行教学活动。通过加强教学管理，可以更好地保障学生的学习效果和教学质量。

对开展职业本科"二元制"航海教育试点的单位来说，他们可以向主管部门申请更多的优惠政策。这些优惠政策包括招生地域、招生对象、规模和教学管理与评价等方面的优惠。通过这些优惠政策的支持，试点单位能够更好地发展"二元制"航海教育，吸引更多有志于从事航海事业的学生，并提供更好的教学环境和条件。

（二）中华人民共和国海事局支持

中华人民共和国海事局是负责航运业的主管部门，其职责包括认证航海技术专业人才培养的课程、师资和设备设施，并进行职业资格考核认定。在航海技术专业的职业本科院校中，需要通过海事局的认证来确保教学质量。该认证涵盖了航海课程设置、师资力量和设备设施等多个方面。

在实施"二元制"人才培养模式时，航海职业本科院校面临着船上实训环节的认定问题，需要海事局的支持和指导。为此，航海职业本科院校可以向国家海事局申请，以制定职业本科"二元制"航海教育的考试和评估规则，确保该模式的顺利实施。

当前，国家对职业教育的重视程度不断提高，并且政策改革方面也给予了职业教育以支持。在这一背景下，航海技术专业实施"二元制"人才培养模式的改革在政策制度上并没有遇到大的障碍，这为进一步探索和改革提供了机遇，积极探索和推动航海职业本科教育中的改革措施。

通过海事局的认证和支持，职业本科院校可以确保航海技术专业的教学质量和人才培养水平。同时，国家的政策改革也为职业教育提供了支持，为航海技术专业实施"二元制"人才培养模式的改革创造了良好的环境。应当充分利用这些机遇，不断探索创新，推动航海职业本科教育的发展，以满足航运业对高素质人才的需求，并促进行业的繁荣和发展。

基于"二元制"的职业本科航海技术专业的人才培养模式改革正处于起步阶段，这是一个逐步摸索的过程，不可能一蹴而就，需要教育主管部门和行业主管部门的鼎力支持，需要职业本科航海类职业教育工作者和相关航运企业共同探索，结合专业特殊情况，突出职业技能技术训练，努力为国家、企业培养出符合国际公约要求的具备较强岗位适任能力、服务意识好的高素质技术技能型船员队伍。①

第四节　基于"卓越计划"的航海专业人才培养

"卓越工程师教育培养计划"是教育部推行的一项重大改革项目，旨在培养高质量的工程技术人才。这个计划是实施国家教育改革和人才发展规划的重要举措，旨在促进中国成为工程教育强国。其核心目标是培养具备创新能力、能够适应经济社会发展需求的各类工程技术人才。该计划在促进高等教育培养人才、提高工程教育质量方面具有重要的示范和引导作用。通过引入先进的教育理念和培养模式，计划旨在培养具备国际水平的工程师人才，以满足国家在经济建设、科技创新和社会发展方面的需求。在 2014 年 8 月 15 日，国务院发布了《关于促进海运业健康发展的若干意见》，将航运业列为重点支持行业。作为这一重要行业的一部分，航海专业也要引入卓越计划，以培养适应未来需求、具备实践能力和创新能力强的高技能航海人才。

---

① 胡友能，黄土荣. 高职航海技术专业"二元制"人才培养模式探究 [J]. 天津航海，2022（3）：53-54.

与卓越计划的内涵一致，航海专业要求学生具备出色的实践能力和创新能力。在培养过程中，学生将通过实践教学、实习实训及创新项目的参与，获得丰富的实践经验和解决问题的能力。这将使他们能够适应复杂多变的海上环境，并在航海技术和管理方面做出创新贡献。

通过卓越工程师教育培养计划的推行，航海专业将积极响应国家政策和需求，全面提升教育质量和人才培养水平。这不仅有助于航海业的健康发展，也为中国成为国际航海强国奠定了坚实的基础。同时，这也为学生提供了更广阔的发展空间和更好的就业前景，使他们能够在航海领域内具备竞争力，为国家的发展做出积极贡献。

一、"卓越工程师教育培养计划"的内涵

在航海人才培养方面，卓越计划的目标是培养具备工程性、创新性和国际性的卓越航海人才。为了实现这一目标，校企合作成为一个重要的方式。学校和企业应当合作制订航海人才培养方案和目标，并致力于培养符合行业标准的工程人才。这种合作模式可以确保学生在实践中学到真正需要的技能，并与实际工作环境相衔接。

航海人才的培养也需要注重综合知识背景和创新能力。随着船舶自动化程度的提高，航海人才需要具备跨学科的综合知识，而不再局限于单一学科的背景。此外，创新能力也是培养航海人才的重要方面，他们需要具备解决实际问题和应对新挑战的能力，以推动航海技术的发展和创新。

在卓越计划下培养的航海人才还应该具备跨文化背景下的沟通与交流能力。由于海员的工作具有很强的国际性，他们需要与来自不同文化背景的船员和国际合作伙伴进行有效的沟通和合作。因此，在航海人才的培养过程中，应该注重培养学生的跨文化交流能力，使他们能够在跨国合作和多元文化环境中胜任工作。

二、航海人才培养过程中存在的问题

（一）应试教育背景下的证书论

在应试教育的背景下，航海类院校非常注重学生的证书考试通过率，将证书论作为衡量学生能力的主要标准。这种做法存在一些问题。首先，学生只需通过证书考试即可获得上船工作的资格，而忽视了对专业基础知识和综合技能的培养。这种单一侧重证书的做法，容易导致学生只追求应试技巧，忽视对实际操作能力和综合素质的培养。航海领域的工作环境和任务要求日益复杂，要求船员具备更高水平的航海技能。然而，单纯追求证书通过率的教育模式无法确保学生掌握最新的航海技术和知识，也无法满足船舶行业对高素质船员的需求。因此，应该重新审视教育体系，充实课程内容，注重培养学生的专业基础知识和综合技能，使其在应对复杂航海工作时能够胜任。

（二）教材内容与工作实际脱节

随着航运科技的不断发展，航海技能的要求也在不断提高。然而，目前的航海类教材内容与实际工作存在脱节的问题。这主要表现在以下几个方面：

船员培训课程应与企业岗位需求和国际公约相匹配。航海教育需要根据船舶行业的发展趋势和国际标准，及时更新和调整培训内容，确保学生能够适应实际工作需求。航海类教材需要符合卓越航海人才的要求。教材应该涵盖最新的航海技术、操作规程和安全管理知识，培养学生的创新意识和问题解决能力。此外，还应注重实际操作技能的培养，通过模拟训练和实地实习等方式，使学生能够熟练掌握各项航海操作技能。为了解决教材内容与工作实际脱节的问题，航海教育机构需要与船舶企业和行业协会建立紧密的联系，进行实时信息交流和合作，确保培养出符合实际工作需求的航海人才。

（三）教学师资队伍薄弱

航海职业本科院校的教学师资队伍目前存在一定的薄弱之处。为了提高教学质量和学生的综合素质，需要采取以下措施：

第一，航海职业本科院校应鼓励教师到企业加强实践经验积累。通过参与实际航海工作，教师能够更好地理解行业发展趋势和企业需求，将实际经验融入教学中，使学生更好地了解职业实践。

第二，可以通过内培外引的方式加强卓越航海人才队伍的建设。学校可以选派优秀的教师到企业进行进修和短期培训，提高他们的专业素养和实践能力。同时，也可以引进企业专家走进校园，与教师共同开展教学研究和项目实践，建立真正的双师队伍。

第三，高校应积极与船舶企业和相关机构合作，为学生提供良好的企业实践场所。通过与企业的合作实习，学生能够接触真实的航海工作环境，获得实践经验，提高综合素质和就业竞争力。

三、加强卓越计划在航海专业中应用的具体举措

（一）创新人才培养模式

为了更好地满足学生的需求，采取分层分类的人才培养模式。根据学生的水平和兴趣爱好，对他们进行课程和专业的分类培养。这样一来，每个学生都能得到更加个性化的培养。另外，还将实施差异化教学，根据学生的不同阶段，分别进行通用专业能力和专业能力的培养。这样能够更好地发掘学生的潜力，并提升他们的综合素质。

（二）卓越师资队伍培养

为了提高教师的教学质量，与企业共同打造"混编"教学团队。通过与企业的密切合作，教师可以及时了解行业最新的发展动态，从而更好地指导学生。注重培养教师的教学能力，组建优秀的教学团队，提供更优质的教学资源和支持。特别是针对航海专业的核心课程，加强"双师"素质教师的培养，提升年轻教师的实践能力。

（三）加强实践教学

实施船校交替原则的教学流程，将理论与实践相结合。重新构建专业课程体系，与企业联合开发船上培训课程，使学生能够更好地掌握实际操作技能。同时，建立校企分段式航海人才培养机制，让学生在学习期间有更多的

实践机会，更好地适应未来工作的需求。

卓越计划下航海人才培养计划的实施，为海洋强国背景下高质量的航海人才、航海职业教育教学改革提供了机遇，同时这也是挑战，航海类职业本科院校应该在人才培养方案、校企合作、知识体系构建、师资队伍建设方面积极采取措施，培养高素质卓越航海人才。①

第五节 "双高计划"背景下航海专业群人才培养模式

2019 年教育部、财政部先后下发了《关于实施中国特色高水平高职学校和专业建设计划的意见》②（以下简称"双高计划"）和《中国特色高水平高职学校和专业建设计划项目遴选管理办法（试行）》③。"双高计划"的实施对职业本科教育全面深化产教融合提出了更高要求，是贯彻落实《国家职业教育改革实施方案》精神的具体体现，为职业本科教育改革与高质量发展提供了行动指南。高水平专业群建设是"双高计划"建设的基点和核心④，是提升职业本科院校整体实力的关键所在。自"双高计划"启动以来，业内对"双高计划"背景下职业本科院校专业群建设从理论与实践进行了深入研究，取得了较丰硕的研究成果。在近百篇相关研究成果中，对于航海专业群的相关研究仅有两篇，分别对"双高计划"背景下航海专业群的特色定位、

① 彭陈.基于"卓越计划"的航海专业人才培养探讨[J].科技与创新，2020（3）：78-79.

② 教育部,财政部.教育部财政部关于实施中国特色高水平高职学校和专业建设计划的意见[EB/OL].（2019-04-01）[2021-10-22]. http：//www. moe. gov. cn/srcsite/A07/moe737/s3876_qt/201904/t20190402_376471. html.

③ 教育部,财政部.教育部财政部关于印发《中国特色高水平高职学校和专业建设计划项目遴选管理办法（试行）》的通知[EB/OL].（2019-04-17）[2021-10-22]. http：//www. moe. gov. cn/srcsite/A07/moe_737/s3876_qt/201904/t20190417_378489. html.

④ 聂强.专业群引领下的"双高计划"学校建设策略[J].教育与职业.2019，（13）：16-20.

建设策略①及建设评价②进行了有益探讨,总体而言,相关研究与实践有待进一步拓展与深入。

职业本科航海专业群属于水上运输类,主要培养船员。随着船舶自动化程度的提高,对船员素质提出了更高要求。然而,由于社会公众对航海职业的认识不足,船员职业的吸引力逐渐下降,造成了招生和就业的困难。现有的航海人才培养模式难以满足航运企业对人才的需求,因此需要进行专业改革。

在这种情况下,"双高计划"为职业本科航海专业群提供了机遇。这一计划旨在提高职业教育质量,培养更多高素质的技术技能人才。它通过产教融合改革,将学校与航运企业紧密联系起来,提供实践机会和实际工作经验,帮助学生更好地适应航运行业的需求。以湖北交通职业技术学院航海专业群为例,可以探讨深化产教融合改革的路径。学院可以与航运企业建立合作关系,共同开展教育项目和培训计划,使学生能够在真实的船舶环境中进行实践操作。此外,学院还可以引入先进的航海技术设备和模拟器,提供高质量的教学资源。通过这些改革措施,可以增强学生的实践能力和就业竞争力,为航运行业培养更多优秀的船员人才。

一、产业发展现状分析

"双高计划"对深化产教融合提出了明确要求,行业产业的发展需求是专业群改革的起点,紧密对接产业链,是专业群建设的必然条件。③因此,进行航海专业群人才培养模式改革,必须准确分析航运业及区域经济发展的现状与需求。

为了推动航运业的进一步发展,国家提出了一系列发展规划和战略目标,为该行业提供了新的发展机遇。作为长江中游的航运中心,武汉市享有得天

---

① 孔定新,吴丽华,薛丛华."双高计划"背景下高职航海专业群的特色定位与建设策略[J].教育与职业,2021(17):88-91.

② 薛丛华,吴丽华,朱志海."双高计划"背景下高职航海专业群建设与评价研究[J].江苏航运职业技术学院学报,2021,20(3):43-46.

③ 杨国丽."双高计划"背景下高职邮轮旅游专业群产教融合实践与探索[J].湖北广播电视大学学报,2021(10):34-39.

独厚的地理优势，也因此拥有巨大的发展潜力。随着国家军民融合发展战略的推进，航海专业群体也面临着新的发展机遇。这种融合不仅为国防建设提供了更多资源和支持，也为航海专业人才的培养和就业提供了更广阔的平台。

然而，航运业的快速发展也给船员的数量和质量提出了更高的要求，这对航海专业人才培养提出了新的挑战。当前的航海专业人才培养模式需要进行改进，包括更新教学模式和重构课程体系，以满足航运业对高素质人才的迫切需求。通过引入先进的航海技术和培养航运管理人才，可以有效地提高船舶的安全性、航行效率和环境可持续性。在航海专业人才培养方面，应该注重理论知识与实践技能的结合，通过实地实习和模拟训练来提高学生的实际操作能力。此外，还需要加强航海英语和跨文化交流能力的培养，以适应国际化的航运环境。同时，与航运企业和研究机构建立紧密的合作关系，将实践经验和最新科研成果融入教学中，提供学生与实际工作需求紧密结合的培训。

二、专业群与产业对接分析

航海专业群与航运产业密切相关，开设航海技术、轮机工程技术和船舶电子电气技术三个专业。三个专业横向对应船舶驾驶、轮机工程和船舶电气领域，纵向对应船舶运输、船岸联系、船舶检验、船舶修理和港口管理产业链。目标是为中部地区航运业提供服务，培养复合型高素质航海技术技能人才。人才将具备多领域知识和技能，能胜任船舶驾驶、轮机工程、船舶电气等任务，熟悉船舶运输各环节。为航运产业提供有力支持，应对航海技术挑战，促进船舶安全运行和航运业高效发展。发展航海专业群将促进航运产业繁荣，提升中部地区在航运领域竞争力，吸引投资和资源。专业群与产业对接情况见表4-1。

表4-1 航海专业群对接产业一览表

产业	专业	关键能力	主要岗位
航运业	航海技术	船舶驾驶	海船及内河水手、GMDSS操作员、船舶驾驶员、部队士官等
	轮机工程技术	轮机管理	海船及内河机工、船舶轮机员、部队士官
	船舶电子电气技术	船舶电气管理	海船及内河电子技工、船舶电子电气员、部队士官

基于航运产业链构建航海专业群,群内各专业分别满足产业链不同"端口"对人才的需求,对应不同的岗位群。

(1)岗位关联:在这个群体中,不同专业之间的岗位职能相互关联,彼此的专业知识相互补充,专业技能相互配合。这种协同作用有助于增强学生在工作岗位上的适应能力和团队合作能力。

(2)资源共享:群体中的各个专业可以充分共享和利用教学资源、实训基地、教师团队、合作企业及社会服务等方面的丰富资源。这种资源共享为各个专业提供了更多机会和资源,促进了综合实践和跨学科合作。

(3)协同发展:群体中的各个专业都涉及同一工作领域,当该领域出现新技术、新工艺时,将推动各个专业的共同发展。这种协同作用促进了人才培养质量的提升,并形成了良性循环,使优势互补、协同发展,产生了强大的资源集群效应。

群内专业的逻辑关系如图 4-2 所示。

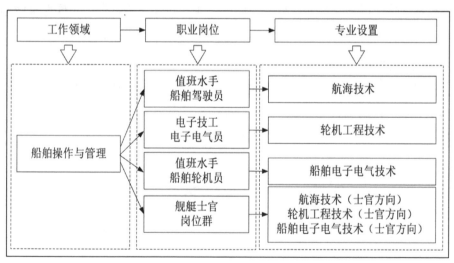

图 4-2　航海专业群与产业链逻辑关系

三、人才培养模式改革

根据 STCW 公约和国家海事局要求实施课证融合教学,以帮助学生通过船员适任证书考试并获得相应证书。传统航海人才培养模式存在问题,过于重视理论知识而忽视实践技能训练，导致学生在实际岗位上与要求存在差距。船上实习实训是航海专业必不可少的环节，但船员往往由第三方船员公司管理，船东公司对实习生的培养兴趣不够，导致航海院校与企业合作不够紧密，学生的学习与产业实践脱节。解决航海职业教育与产业联系不够紧密的问题需要深化产教融合、加强校企合作，并进行人才培养模式的改革。改革应以航运企业对人才需求为导向，注重培养学生的综合职业能力，遵循职业教育规律，对接国际标准和行业规范，实现人才培养模式的全面改革。

为了贯彻这一目标，提出了"通江达海，进阶培养"的工学结合人才培养模式。该模式将内河船员职业标准与海船船员职业标准融合，使教学内容与职业能力有效结合，从而实施针对职业岗位要求的进阶培养。这种模式将帮助学生更好地适应不同类型船舶的工作要求，并提高他们的综合职业能力。为了进一步优化航海专业群的人才培养方案，计划增加职业精神、职业素养和创新创业能力培养课程。同时，加快专业技能标准的建设，并将实训技能考核标准化，以确保培养出合格的航海人才。此外，还将全面实现素质培养项目的项目化，以提高学生的综合素质和能力。"通江达海，进阶培养"人才培养模式如图 4-3 所示。

通过以上改革举措，致力于构建一个与产业紧密结合、培养出优秀航海人才的现代化航海教育体系。这将为航海行业的发展提供有力的人才支持，并为学生的职业发展奠定坚实的基础。

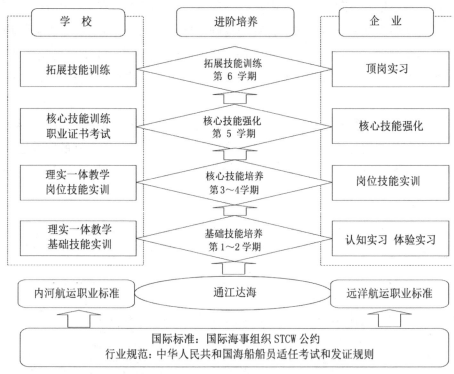

图 4-3 "通江达海，进阶培养"人才培养模式示意图

实施"通江达海，进阶培养"工学结合人才培养模式的关键在于将工学与学术知识相融合，并以校企合作为应对方法。计划与航运企业合作，共同设立订单班，以工学结合的理念为指导，并不断完善教学组织形式，以进一步加深专业群的校企合作。坚守工学与学术知识的双向交替，确立了"双主体培养，双元管理"的校企合作机制。这一机制的核心是学校和企业作为双主体共同参与人才培养的全过程，并在管理上实现双元化。不仅要关注学术知识的传授，也重视学生在实践中的能力培养，让他们具备更好的职业素养和实际操作能力。

四、课程体系重构

课程体系是人才培养模式的关键和重要组成部分，对建设一流的航海专业群至关重要。为了达到这个目标，进行了深入的调研，与海事局、航运交易所和航运相关企业密切合作，以确定课程体系和岗位职业行动能力的要求。

将职业技能培养与职业素质的培养相结合，这一点在"江海直达""定向士官"和"智能航海技术"等领域的课程中得到了体现。此外，还进行了课程结构的调整，以满足行业发展的需求。采取了"基础共享、中层分立、高层拓展"的思路构建了专业群课程体系，这一体系突出了"德技并重、分层递进"的特点。

重视学生道德素质的培养，强调持有相关证书的重要性，并积极倡导技术的发展与应用。这样的课程体系将确保学生在毕业后具备良好的职业道德和全面的专业能力。"德技并重、分层递进"的航海专业群课程体系如图 4-4 所示。

图 4-4 "德技并重、分层递进"航海专业群课程体系

五、教学模式改革

"校企双向交替"教学模式改革是航海专业群实施人才培养的重要途径。这一改革旨在通过与综合实力强、影响力大的校企合作单位密切合作，采用项目教学法，实现"学校→企业→学校→企业"的双循环培养过程。这种模式的实施为学生提供了一个更加贴近实际工作环境的学习体验，使他们能够更好地适应职业要求并具备实践技能。

为了实现理论向实践的迁移，教学过程中采用了"理实一体化"教学手段，并将航海教学情境融入其中。学生不仅通过传统的理论课程学习相关知识，还通过虚拟仿真和实船设备操作相结合的方式进行实践训练。这种综合教学方法有效地帮助学生将所学的理论知识应用于实际操作中，提升他们的实践能力和问题解决能力。

教材开发在教学实施中起着重要的保障作用。航海专业群应当开发项目化教材，将职业能力要求与教学内容融合，并增加职业素养、创新创业、智能技术等方面的内容。这样的教材设计能够更好地满足航海行业的需求，使学生在培养过程中具备更广泛的知识和技能，提高他们的综合素质和竞争力。

综上所述，航海专业群的高水平建设要对接现代航运业人才需求特点，侧重培养学生从事现代航运业的通用职业能力和船舶驾驶与管理等方面的专项职业能力，不断深化人才培养模式改革。在改革实践过程中，应不断深化产教融合，进一步加强校企合作，充分发挥校企双方资源优势，将船员职业标准渗透航海专业群人才培养全过程，最终促进职业本科院校与行业企业的共同发展。[①]

---

① 关业伟."双高计划"背景下高职航海专业群人才培养模式改革[J].航海教育研究，2022，39（1）：16-20.

第六节　TAFE 模式下航海专业人才培养

一、澳大利亚 TAFE 模式概述

澳大利亚 TAFE 教育模式被公认为是世界上最具领先水平、最具创造性的教育模式之一，经过 30 多年的研究，已构建了完善的教育与培训体系。TAFE 模式的全称是 "TechnicalandFurtherEducation"，即技术与继续教育，TAFE 直接与岗位工作能力挂钩，为行业提供素质应用型人才为目标，是以终身教育为理念、能力为本位、就业为导向的教育与培训体系，其考核特点是明确课程考核要求，制定标准测试方法和突出对学生实践能力的考核。[①]TAFE（职业技术教育和培训）教育模式要求专职教师与产业界保持紧密联系，每年安排一段时间离开学校，亲身体验相关行业或企业的专业岗位实践。此外，TAFE 开设的课程具有高度针对性和实用性，以满足学生在就业市场上的需求。TAFE 教育模式高度重视学习条件的改善和优化，积极投资于实验室设施的建设，并配备先进的仪器设备。这种投资的目的是为了提供具备现实场景的实践环境，使学生能够在真实世界的背景下进行学习和实践。这样的学习条件改善措施为学生提供了更好的培训平台，促使他们能够更好地掌握所学知识和技能，增强其就业竞争力。

二、TAFE 模式下航海专业人才培养存在的问题

《1978 年海员培训、发证和值班标准国际公约（2010 年马尼拉修正案）》，即 STCW 公约，于 2012 年 1 月 1 日开始生效，并于 2017 年全面实施，新公约的实行对航海类人才素质提出了新的要求。在我国传统的航海类人才培养模式下，面对行业新规，目前存在以下几个突出问题 [②]：

---

① 张海宁.澳大利亚南澳洲 TAFE 教育模式的运行机制 [J].中国职业技术教育,2018(28):76-80.

② 史方敏,范嘉芳.STCW78/10 公约对航海技术专业人才培养的影响及对策 [J].航海技术，2011（5）：78-80.

（一）人才培养目标不清晰

航海类人才培养面临着一些问题。首先，存在着普通船员过多、高级船员过少的情况。当前的人才培养模式导致普通船员的数量远远超过了高级船员的需求，这导致高级船员的培养相对不足。其次，现有的高级船员培养方式与现代化船舶、特种船舶和超大型船舶的要求不相符。船舶技术的不断发展和升级使得现代船舶对高级船员的能力和知识有着更高的要求，然而，目前的培养模式没有及时调整以满足这些新需求。此外，部分航海院校在人才培养中没有充分深入地调查市场需求，缺乏对人才培养规格要求的清晰认识，这也导致了人才培养目标不够明确。

（二）教学设备陈旧，教师教学能力有待提高

航海院校对实验室的资金投入和开放程度不够，师资队伍建设有待加强。航海专业的课程教学对比其他工科类专业，需要实船、模拟器等特殊实习实践环节，而且其教育投入成本要更高，但是实际上，学校内部往往存在实验设备陈旧、数量有限的现象，且实验室对学生的开放力度不足；同时，航海专业师资团队有待建设，教师经常分化为理论型和实践型，不利于航海专业知识的传授，同时航海类师资队伍普遍存在如英语教学水平不高、不重视实践教学、理论教师缺乏实践经验、持证教师比例偏低等问题。[1]

（三）校企合作不充分

对航海院校学生进行的抽样调查结果显示，航海类院校毕业生的船员普遍存在自我管理能力较差、缺乏踏实肯干的精神、适应外界环境能力不足、相关航海专业的证书通过率不高等问题。[2]航海院校的校企合作仍处于初步探索阶段，稳定性和长期性不够。建立稳定而长期的合作关系对于提高教育质量和就业培训的有效性至关重要。然而，目前在技能训练、实习基地共建及毕业生与就业岗位的对接等方面的合作还未能充分落实，这限制了航海类院校与企业间合作的效果。

---

① 刘翔.浅谈我国航海专业教学改革和人才培养路径[J].职业时空，2015，11（6）：72-73.

② 滕英祥.基于产教融合的航海专业应用型人才培养的教学探究[J].课程教育研究，2018（51）：42-43.

三、TAFE 模式下航海专业人才培养的策略

（一）航海专业课程体系改革

首先，要统一课程标准，由教育服务部门根据航海行业需求，依托于航海行业的力量，开发培训包①并由职业教育培训委员会认证之后公布执行，在全国建立统一的名称、编号、学时数、能力标准和测试标准，由此保证课程教学的一致性。对此标准应根据行业大环境的变化，进行周期性考核并适时进行调整，这样才能保证各个院校能制订出有质量、符合行业需求的人才培养方案以开展专业教学工作。②其次，以学院的各专业课教师为教学主体，深入贯彻"从低级到高级、从基础到专业、从单项到综合、从模拟到创新"的教学思想，扎根 TAFE 的教学模式，结合各专业课的不同特点，对课程的教学形式进行归类，推广模拟实训、案例研究、小组讨论等多种有效的教学方式，增强学生的主观能动性和动手操作能力。

（二）开展校企合作

基于 TAFE 模式，加强"航海院校—企业"之间的合作。澳大利亚 TAFE 院校的人才培养非常重视学校与行业、企业的有机结合，着力营造"教学情境即工作情境"的学习氛围。③根植于 TAFE 的教学理念，高校要积极建设校内外实训基地，与多个社会企业签约实训基地，建立合作共赢的关系，建立融实验、实训、设计、制作为一体的开放式教学基地，坚持资源共享、信息共享、技术共享、实验共享，培养学生的科技创新能力，为企业提供科技开发、技术创新和人才培训的服务。

---

① 吴蕴慧.澳大利亚TAFE模式在苏州高技能人才培养中的应用[J].才智,2017(11):211-212.

② 马瑞.基于TAFE教学体系的数字媒体技术专业人才培养模式研究[J].安徽科技学院学报,2015,29（3）:93-97.

③ 孙旭.TAFE模式启示下我国高职专业人才培养创新路径:以导游专业为例[J].长江大学学报（社科版）,2017,40（3）:102-105.

（三）建设"双师型"师资队伍

基于 TAFE 模式，加强"双师型"教学团队建设。[①]TAFE 教学团队对教师的要求非常严格。他们坚持认为，教师必须持有教师资格证书并具备相关行业工作经验，才能够胜任教学工作。这一要求确保了教师具备专业知识和实践经验，能够为学生提供高质量的教育。为了提高教学团队的整体能力，TAFE 进行了全面的团队建设。首先，他们致力于提升在职教师的能力，通过提供专业培训和学习机会来不断更新教师的知识和技能。其次，他们积极招募具有实践经验的兼职教师，以便他们能够分享实际工作中的见解和经验，为学生提供与实际行业相符的教育。

为了进一步加强教师的实践能力和理论理解，TAFE 建立了高水平的双师队伍。他们与各个企业建立联系，与企业合作开展实践项目，使教师能够深入了解行业最新发展和实际应用。这种与企业的合作不仅提供了教师与业界专家互动的机会，还使他们能够将最新的行业趋势和实践经验融入教学中，从而更好地培养学生的实际能力。

类似的政策也在山东交通学院得到实施。他们要求部分教师每年都要到企业进行实践，甚至进行较长时间的实践锻炼。这种做法有助于教师深入了解行业运作和实际工作环境，增强他们的实践经验和与学生的联系。通过将理论与实践相结合，教师能够更好地将知识传授给学生，并为他们的职业发展提供实用的指导。

（四）优化各阶段教育方案

基于 TAFE 模式，以培养学生职业能力为核心，加强全方位发展。对航海专业学生由入学、日常教学及管理、择业、就业、成才等各阶段的教育方案进行优化。在学生入学初期，应把重点放在加强学生思想与体能的培养，针对学生在身体素质培养、心理培养、服从意识培养、团队协作意识培养等方面的培养，学院应尽量实行半军事化管理，使军事化管理深入学生的思想，

---

① 兰石财.TAFE 师资培养对"双师双能型"师资队伍建设的启示 [J].武夷学院学报，2018，37（5）：101-103.

届时还应举办航海文化活动、航海技能比赛、航海社团活动①，从而在学习初期便能做到提高航海类学生德、智、体、美、劳全面发展，形成海员素质养成教育培养评估体系；在学生在校中期，即对理论知识和实践内容的吸收进程中，学院应大力推行教学一体化建设，实现"教学—学习—实践"三位一体②，模拟仿真未来岗位的真实要求，边学边做，充分利用航海模拟器等实验室，探索实践性教学模式，这样既可以加深学生对理论知识的认知和理解，又能提高学生对技术的实际掌握与应用能力，从而获得良好的教学效果、改进教学质量；在学生临近毕业之际，学校应结合政府、行业和教育机构三方合作的模式，由国家有关政府部门主管进行主导，让航海行业浸入专业领域，让教育机构辅导培训，帮助学生获取进入行业后应考取的证书，紧扣行业需求，找准专业的人才培养定位，确立人才培养层次，使学生能力与时俱进，满足市场需求。

总之，当前我国经济发展进入新常态，2050年要成为世界科技强国。人才供给与需求关系深刻变化，面对经济结构深刻调整、产业升级加快步伐、社会文化建设不断推进，特别是创新驱动发展战略的实施，都推动着航海类院校向应用型高校转型，航海类人才培养向应用型转变。借鉴TAPE模式的教学培养，找准航海类人才培养的定位；明确培养目标，培养社会所需的应用型、技术型、创新型人才；合理安排课程教学；选择合适的教学方式；校企合作，达到互利共赢的局面；建设"双师型"师资团队，提高教师的综合素质；关注学生身心健康，培养全方位高素质人才。③

---

① 程真启，乔红宇.基于"环境、生活、课堂"一体化的高职航海专业人才培养模式研究[J].南通航运职业技术学院学报，2018，17（3）：80-83.

② 张慧.借鉴澳大利亚TAFE模式拓宽应用型人才培养途径[J].宿州教育学院学报，2015，18（5）：55-56，71.

③ 张安西，张泽阳，徐国庆.TAFE模式下航海专业人才培养探究[J].西部素质教育，2019（8）：178-179.

第七节　航海技术专业现代学徒制人才培养模式

一、现代学徒制对航海技术专业发展的作用

近年来，由于海运企业对具备相关工作经验、职业技能和职业素养的专业人员的迫切需求，航海技术专业人才培养面临一些问题。学生在过去的培养模式下，缺乏对实际岗位工作的认识，导致他们无法顺利适应企业的工作环境，竞争力不强。为了解决这一问题，现代学徒制人才培养模式被引入并得到广泛推行。这一模式强调学校与企业之间的深度合作，旨在实现校企资源的互动和双师培养。通过更新招生和招工形式、人才培养方案及专业课程体系，现代学徒制提供了一种卓越的培养机制。这样一来，航海技术专业学生的专业技能和综合素质得到了大幅提升，同时也确保了企业在培养过程中的积极参与。现代学徒制的核心在于将学生置身于实际的岗位工作中，通过在实践中学习和实践中学习的方式，帮助他们更好地认识到工作和个人发展的重要性，培养正确的就业观和职业观。通过校企深度合作实践，学生能够更好地理解企业的需求，并获得实践经验。这种实践中的学习不仅能够提高学生的专业能力，还培养了解决实际问题的能力和团队合作精神。学生在与企业密切合作的过程中，可以获得企业的指导和反馈，不断完善自己的能力，最终培养出符合企业要求的专业人才。现代学徒制的实施不仅对学生个人发展有益，也对海运企业和整个行业有积极影响。通过这种合作模式，学校和企业之间的信息流动更加顺畅，学生的培养能够更贴合实际需求，同时也提高了企业的竞争力和创新能力。

二、航海技术专业现代学徒制人才培养模式的建设要求

（一）定位好人才培养目标

为了培养符合海船船员要求的人才，需要确立明确的人才培养目标。首先，要确定海船船员的认定标准和专业教育水平，以此为依据培养人才。其次，

需要培养具备职业素养、敬业精神、实践技能和外语沟通能力的人才，这些都是在船舶工作中必不可少的素质。为了达到这些目标，学校和企业需要共同制定航海技术专业的现代学徒制培养目标，确保培养出合格的人才。同时，还要整合校内和船舶企业的实践教学资源，确保教学内容和企业岗位工作标准相符。

（二）建立新的课程体系

为了实现上述目标，需要建立一个全新的课程体系。根据新的人才培养目标，要重新设计课程，确保其与实际需求相匹配。为了提高课程的实用性，学院的教师需要与企业的技术人员进行深度合作，共同开发教材和课程资源。此外，还要引入企业实际案例，帮助学生更深入地理解理论知识，提升他们的实践能力。

（三）合理安排教学过程

在教学过程中，需要合理安排各个阶段的教学任务。采用三明治式的教学安排，将教学过程分为学习、训练和学习＋实践三个阶段。第一阶段注重基础知识的学习和对航海专业的认识。第二阶段包括实习和校内专业课学习，由企业技术人员和学院教师进行指导。第三阶段涵盖学习准备大证考试和企业毕业实习。此外，还需要分批次地安排学生进行顶岗实习，以解决实践环境和设施的差异性问题，确保学生获得真实的实践经验。

三、航海技术专业现代学徒制人才培养模式的建设建议

（一）设置三大培养模块

（1）专业能力培养模块。这个模块着重于学生的专业基础知识学习，并与企业密切合作，共同构建专业知识框架。通过与企业的合作，学生能够了解实际工作中的需求和要求，并学习满足海事局的考核标准的相关知识和技能。此外，学生还将有机会获得相应的资格证书，为未来的职业发展打下坚实的基础。

（2）职业能力拓展模块。这个模块以学徒实训为核心，旨在提升学生的

技术应用能力。学生将有机会选择符合个人兴趣和发展方向的实训任务，并通过实践中的学习和锻炼来不断提高自己的技能水平。这种实践性的培训将使学生能够更好地适应未来工作中的各种挑战，并在实际操作中展现出优秀的职业能力。

（3）职业素质培养模块。这个模块将职业道德和文化底蕴作为核心内容，将企业文化引入专业知识教学中。通过学习职业道德和文化，学生将培养正确的职业心态和价值观，了解在职场中如何与他人相处，并学习正确的社会处事方式。此外，该模块还将帮助学生规划职业发展蓝图，让他们更好地了解自己的兴趣和优势，并为未来的职业生涯做好准备。

通过这三大培养模块，学生将得到全面而系统的培养，以应对未来职业发展的挑战。他们将具备扎实的专业知识和技能，熟练运用所学知识解决实际问题，并具备良好的职业道德和文化修养。这将使他们在职场中具备竞争力，能够胜任各种工作任务，并为自己的职业生涯铺就成功的道路。

（二）建立双师型队伍

双师型队伍是校企深度合作和现代学徒制的基础。建设双师型队伍需要提升学校教师队伍，选派教师到企业挂职锻炼，积累实践经验。还需要组织企业技术人员参与教师培训，促进教师与技术人员的沟通互动，更新教材和教学内容。双师型队伍的构建能确保学生学到实用的专业知识，促进学生的综合发展，满足现代学徒制的要求。

基于现代学徒制建立新的航海技术专业人才培养，是依据现代学徒制的理念，加强与企业的合作，以市场人才需求为导向，重新定位专业人才培养目标，构建新的课程体系与优化人才培养方案；围绕职业能力开展校内外实践活动，以提升学生的专业素养及职业能力，让学生能够将所学的专业知识运用到航海技术领域中，切实提升其就业竞争力。①

---

① 刘凯.航海技术专业现代学徒制人才培养模式探析[J].船舶物资与市场,2019(12)103-104.

第八节 航海专业"三明治"人才培养模式

一、"三明治"航海人才培养模式的特点和发展现状

"三明治"人才培养模式最早由英国的桑德兰特技术学院于 1903 年开始试行。这种模式采用了理论和实践交替的方式，对学生进行了全面的培养。课程安排结合了理论知识的学习和实际操作的训练，使学生能够在学习过程中不断应用所学知识。航海教育的"三明治"人才培养模式是由英国船长韦克福德设计的，该模式采用了校船交替的教学和训练方式，使学生能够在实际航海环境中学习和实践航海技能。这种模式突出了实践技能训练，以岗位能力为导向，培养出高技能应用型的人才。它有效地将理论知识与实际技能结合起来，培养出了具备全面能力的航海人才。我国"三明治"模式，在1999年上海海事职业技术学院与挪威船东协会合作时首次引入。之后，国内一些学校如武汉航海职业技术学院、山东交通学院等也开始实施这种模式。

二、我国"三明治"航海人才培养模式主要问题

（一）办学规模过小限制了示范引领作用

目前实施"三明治"模式的院校办学规模较小，这导致了一些问题。例如，像上海海事职业技术学院和山东交通学院这样的学校招生规模有限，无法容纳更多的学生。虽然这些学校在学校、企业和船舶方面得到认可和好评，但是由于规模过小，它们的整体影响仍然局限在某个地区或特定领域。因此，它们未能发挥示范引领作用，无法对更多的院校和行业产生示范和引导效应。

（二）船上实习的指导问题缺乏制度保障

学生船上实习存在制度问题：导师时间有限，无系统化指导；学校导师无法及时提供支持；学生面临交流困难和压力。应增加导师数量，建立明确指导计划和制度约束，利用现代通信技术解决通信限制。这样可以提高指导质量和一致性；学生融入实习环境更好，获得更丰富的实践经验和指导。

（三）航运企业的参与人才培养程度不高

国内船公司对"三明治"班学生的培养意愿不强，这也是一个问题。船公司在职责划分和制度方面缺乏明确性，监督与考核不到位、不充分、不系统。有些船公司甚至将在校学生直接派遣上船从事低级工作，这导致学生的时间被占用，学习时间缩短，实习效果无法得到保证。这些问题都影响了航运企业对学生人才培养的程度和质量，限制了"三明治"模式的有效实施。

三、北部湾大学"三明治"航海人才培养模式发展对策

（一）构建"三明治"航海人才培养模式

北部湾大学的航海专业本科生人数截至 2021 年年底为 1034 人，其中男生 956 人，女生 78 人。该校规模属于中等水平。近几年来，每年都有 30 多家航运企业来学校招聘。一些大型企业还表示有意与学校合作办学，为实施"三明治"人才培养模式提供了基础。在试点阶段，计划开设两个"三明治"班，分别是航海班和轮机／船电班，每班可容纳 25 人。

"三明治"人才培养模式包括交替教学和训练，并按照以下阶段实施：

1. 第一阶段的基础理论学习

第一阶段为期两年。学生将学习本科公共基础课程、专业基础课程及部分专业课程。在第四学期结束时，学生需要通过海事局的考试，获得海船船员专业培训合格证。

2. 第二阶段的实践学习阶段

第二阶段实践学习为期半年。从第四学期暑假开始，到第六学期开学前，学生将由与学校签约的船舶公司安排上船实习。他们将完成人才培养方案规定的培训科目，并接受船舶公司和船舶本身的考核。

3. 第三个阶段的专业理论学习阶段

第三阶段为期一年，即第六和七学期。学生将完成专业理论课程、相关实训以及三副、三管轮适任考试评估科目的培训。他们需要通过国家海事局的考试，以获得相应的资格证书。

4.第四阶段的航行实习阶段

第四阶段为期半年。从第七学期寒假开始，学生将由与学校签约的船舶公司安排上船进行航行学习。他们将完成人才培养方案规定的培训科目，并在实习期间完成船上见习记录簿的一部分内容，由船上导师签署确认。

（二）创新"校—政—企"联合办学合作机制

为了推动航运行业人才培养的全面发展，提出了创新的"校—政—企"联合办学合作机制。在这一机制下，学校、政府和航运企业三方将合作共同努力，形成协同合力，以培养优秀的航运人才为目标；将成立一个"三明治"教学协作组，明确各方的职责和任务。这个协作组由学校、政府和企业的代表组成，它们将密切合作，确保合作机制的有效运行。学校和企业将共同制订人才培养方案，明确学生的培养目标和培养计划。学校将负责具体的培养实施和监管工作，确保学生获得系统的知识和实践经验。政府在这一合作机制中扮演着重要的角色。政府将给予支持政策，为航运行业人才培养提供必要的政策支持和资源保障。同时，政府还将认可海龄资历，为航运人才提供更多的发展机会。此外，政府还将提供资金支持，以确保合作机制的顺利实施。企业在船舶导师的聘任和任用中扮演着重要角色。企业将聘任船舶导师，这些导师将在船舶实践中指导学生，并向政府和学校通报培训情况。企业将对船舶导师进行指导和监督，确保他们的指导质量和学生的培养效果。

（三）建立务实的船舶导师聘任和任用制度

为了确保船舶导师的专业素质和指导能力，将建立一套务实的聘任和任用制度。首先，企业和学校将联合聘任船舶导师，并颁发聘任证书。导师需要熟悉"三明治"培养方案，并严格按照该方案指导学生的学习和实践。企业将对导师进行监督和考核，导师的考核结果将作为评优和晋升的依据。考核合格的导师将享受免费参加职业培训的机会，并且还将获得相应的奖励。通过建立这一聘任和任用制度，确保船舶导师的素质和指导能力得到有效提升，为学生提供更优质的培养环境和指导。

（四）创建"校—政—企"三方联合的教学评价体系

为了全面评价学生的能力和素质，创建一个"校—政—企"三方联合的教学评价体系。在这一评价体系中，学校导师将评价学生的理论成果，船舶导师和企业专家将评价学生的实践能力。而由"校—政—企"专家组联合考核学生的综合能力。通过这一联合的评价体系，各方将共同负责、相互促进。学生将在理论和实践两个方面得到全面评价，从而更好地适应航运行业的发展需求。评价结果将为学生的培养提供重要参考，并且可以用于优秀学生的奖励和选拔。

航海教育"三明治"人才培养模式在国外和国内已经取得的成效，为广西航海类职业本科院校人才培养模式改革提供了新的思路。北部湾大学应根据自身办学情况，创新"校—政—企"联合办学合作机制，优化人才培养方案，建立务实的船舶导师聘任和任用制度，创建科学有效的教学评价体系，推行"三明治"人才培养模式的实施和发展，不断提升航海教育质量，为我国海洋强国战略培养高水平的航海应用型人才。[①]

---

① 覃志居,王丹,田五六,邓小富.航海专业"三明治"人才培养模式改革与对策研究[J].珠江水运，2022，（15）：61-63.

第五章　职业本科航海专业国际化人才培养

第一节　航海专业国际化人才培养模式的思考与构建

一、国内航海教育国际化现状

我国高等航海教育在航运事业的发展中担任着基础性、全局性和先导性的重要角色。为了适应航运业发展及新形势的需求，高等航海教育不断调整规模、层次、学科和教育领域，形成了普通高等航海院校、成人高等教育院校和高等职业教育院校不同层次的教育与培训体系。尽管国内航海类院校在国际化办学方面已有一定的进展，但其数量和质量仍存在不足之处，有时只流于形式，实际效果不明显。为了改善这种状况，航海类院校应加强与国外企业和院校的合作，注重培养具备多向型、双向型特征的国际化人才，以更好地满足航运业对人才的需求。同时，航海教育也应更加紧密地与国际航海教育环境结合，与国际标准接轨，在课程设置、技能培养和实践教学方面不断提高水平，以增强向国际航运企业输送高端航海人才的能力。

此外，应深入了解沿线国家航运企业对人才的需求情况，并寻求国际合作，根据国际市场需求调整办学方向。这样做不仅有助于培养更加适应国际航运市场需求的人才，也能够促进我国航运业与世界各国的合作与交流，进一步提升我国在全球航运领域的地位。

总的来说，高等航海教育在航运事业中的作用不可忽视。通过加强国际合作、提高教育质量和务实办学，能够更好地培养出适应航运业发展需求的人才，为我国航运事业的繁荣做出积极贡献。

二、航海专业国际化人才培养理论与策略

（一）航海专业国际化人才培养的背景

船舶是人类最大的运输工具，对国际贸易至关重要。它们承载着世界各地的货物和人员，在全球贸易中起着关键作用。为了确保船舶运行的安全和高效，国际海事组织（IMO）制定了一系列公约和标准，要求严格的航海教育和船员素质。这些要求涵盖了船舶操作、航行安全、环境保护及船员的职责和责任。随着全球经济一体化和技术进步的加快，船舶上的信息技术和智能控制技术得到了广泛应用。现代船舶配备了先进的导航系统、通信设备和自动化系统，使船舶的操作更加精确和高效。这些技术的应用大大提升了船舶的安全性和运营效率，为航海员提供了更好的工作条件和航行环境。各国对海员素质的要求也日益提高。航海职业要求船员具备良好的技术知识和技能，能够应对各种复杂的船舶操作和紧急情况。此外，他们还需要具备良好的沟通能力、团队合作精神和跨文化交流能力。船员的素质对于船舶的安全和运营至关重要。

职业本科航海类教育是培养国际海员的主要途径。这些教育课程提供了广泛的航海知识和技能培训，涵盖了航海学、导航、海事法规、船舶管理和安全等方面的内容。通过系统的学习和实践训练，学生能够全面掌握船舶操作和管理所需的技术和知识，并具备适应不同船舶类型和航行条件的能力。提升职业本科航海类人才的国际竞争力是我国发展成为海员强国的重要途径之一。随着我国在全球贸易中的地位不断提升，对高素质的航海人才需求也日益增长。通过加强航海类教育的质量和水平，培养具备国际视野、高端技能和全面素质的航海人才，我国能够更好地满足国内外船舶运输的需求，并在全球航运市场上取得更大的竞争优势。

（二）国内外高校国际化人才培养模式的改革

经济全球化的快速推进引发了对国际化人才的需求增长。各地区的高等教育机构应积极响应这一需求，进一步加强国际化改革，培养具备全球竞争力的人才。这包括提供更多的国际交流机会、拓宽课程设置、培养学生的创

新和适应能力，并加强对不同文化和历史的理解。只有这样，才能更好地适应全球化的挑战并共同创造一个更加繁荣和包容的世界。

美国是在高等教育国际化方面投入最多的国家之一，并且积极倡导将全球观念渗透所有课程领域和课外活动。美国高等教育体系注重培养学生的独立思考能力、创造能力、交流能力和信息处理能力，以帮助他们在国际舞台上具备竞争力。

早在1987年，日本就提出了培养国际化人才的目标要求。这些要求包括培养广泛的国际视野、跨文化沟通能力及对日本历史和文化的了解。日本高等教育机构通过为学生提供丰富的国际交流机会和多元化的课程设置，致力于培养具备全球背景的人才。

德国积极参与欧盟国家共同制订的伊拉斯谟计划和苏格拉底计划等项目，旨在鼓励学生到欧盟成员国从事研究和深造活动，推动国际化人才培养。通过这些计划，德国为学生提供了一个独特的机会，能够在不同的文化环境中学习和成长。这种跨国的学术交流不仅拓宽了学生的视野，还培养了他们的国际交流能力和跨文化理解力。

法国通过加强与欧盟国家和法语国家的交流与合作，打破了美国和英国对国际高等教育市场的垄断。同时，法国还采取商业化的方式，加大与其他国家和亚洲国家的交流与合作，以促进国际人才培养。通过与不同国家的合作，法国的高等教育机构能够吸引更多国际学生，提供多元化的学习机会和文化体验。这种全球化的教育环境有助于培养具有全球视野和跨文化沟通能力的人才。

西方国家的高等教育系统在国际化人才培养方面付出了巨大的努力，并取得了显著的成果。这些国家致力于创新人才培养，不仅在课程设置上注重前沿知识和技能的培养，还注重培养学生的创新思维和解决问题的能力。通过与国际合作伙伴的交流与合作，西方国家的高等教育机构能够吸引优秀的学者和研究人员，激发创新的火花，推动科学和技术的进步。

国内高校也将具有国际竞争能力的创新人才培养作为重要目标，积极进行教学改革与实践探索。这些高校通过引进国际先进的课程培养模式、开展双学位培养模式及促进学分互认和学生国际交流等方式，不断推动国际化办学。同时，他们也注重培养学生的跨文化沟通能力和国际合作能力，通过开设国际化课程、组织学术夏令营及与国外大学进行学生的国际联合培养等举措，努力培养具有全球视野和创新精神的人才。

华中科技大学作为国内高校的典范之一，也在创新人才培养方面积极探索。通过建设国际化课程，该校为学生提供了广泛的学习领域和全球化的学术资源。此外，举办学术夏令营和与国外大学合作进行学生的国际联合培养等方式，也为学生提供了与国际学术界接轨的机会。这些举措不仅加强了学生的学术能力，还培养了他们的国际交流和合作能力，使他们具备应对全球挑战和竞争的能力。华中科技大学的成功经验可以为其他高校提供有益的借鉴，推动整个国内高等教育向国际化发展。

（三）职业本科航海专业国际化人才培养的难点

1. 满足国际公约新要求较为困难

国际海事组织积极推进《海员培训、发证和值班标准国际公约》（简称STCW 公约）的实施，并根据航运市场的发展需求不断对 STCW 公约进行修改，主要从航海教育教学方式、船员个人素养、电子航海战略、船员发证要求和海上实践等方面对航海教育管理提出了新要求。[①]其一，在教学方式方面，修正案认可了远程航海教育和虚拟仿真航海教育模式，但对教育效果和考评制度提出了严格的规定。这意味着学生可以通过在线平台和虚拟实验室来接受航海培训，但其教育效果和学习成果必须符合相关标准和要求。其二，修正案强调了船员的个人素养要求。除了航海技术知识外，船员还应具备一定的个人素养。这包括对海洋环境保护的意识，明白如何保护海洋生态系统的重要性。此外，船员还需要保持身体健康，并具备防止事故的能力，以确保船舶和船员的安全。其三，国际海事组织对船员证书进行了调整和分类。现在，船员证书被分为适任证书、培训合格证书和书面证明三个层次。这一改变提高了证书的签发、签注和认可的审查要求，以确保船员拥有合适的技能和知识，并能够胜任各自的职责。其四，STCW 公约修正案对全球航海教育

---

① 中国海事局开展《1978 年海员培训、发证和值班标准国际公约》马尼拉修正案履约工作 [J]. 航海技术，2011（1）：8.

产生了重大影响，各国航海教育院校需要根据最新规定进行调整。为了满足现代航海对科学技术发展的要求，这些院校需要更新教学大纲和计划，并增加培训设备和设施。这样才能确保船员在现实航海环境中能够应对各种挑战，并保持与行业发展的同步。

2. 国际化航海类人才职业素养培养困难

航海专业毕业生通常需要取得海船船员三副或三管轮白皮证书，并从事沿海或远洋运输工作。然而，院校教育侧重于理论学习，实践训练相对薄弱。尽管有一些实操实训项目，但与实船顶岗操作要求还存在一定距离。因此，大多数航运企业都会安排几个月的实习期，以帮助毕业生适应船上真实环境，并提升他们的实际操作能力，或者巩固他们在校期间学习的知识。然而，实际操作的"零距离"顶岗相对较困难，尤其是对远洋船舶而言。由于不同国家的法律政策和上船要求各不相同，通过实船实习来培养国际化航海人才的职业素养更加具有挑战性。在国际化的航海环境中，航海人员需要了解和遵守各个国家的法规和标准，熟悉不同船舶的操作系统和设备，并具备跨文化交流的能力。为了应对这些挑战，一些航运企业建立了合作关系，与各国航运公司合作，为学生提供更多的实习机会。这种合作可以帮助学生更好地了解国际航运行业的要求和实际操作，增强他们的国际化视野和职业素养。此外，一些院校也在改革课程设置，增加实践教学的比例，以更好地培养学生的实际操作能力。他们提供模拟船舶操作实验室和仿真训练设备，让学生在安全环境下进行实际操作训练。这样的实践训练可以帮助学生更好地理解和应用所学知识，为他们未来的职业生涯打下坚实的基础。

3. 国际化师资队伍组建困难

近年来，国内职业本科航海类院校面临着一些关键问题，其中之一就是缺乏国外高级船员类教师。这一问题直接影响了职业本科航海专业双语课程和全英语专业课程教学的推进。由于缺乏来自国外的船员类教师，学生无法获得真正的双语教学和全英语环境下的学习经验，这对他们未来的国际航海事业发展造成了一定的阻碍。与此同时，国内职业本科航海类院校的师资队伍中也存在着另一个问题，即缺乏国际船长、大副等证书的国外教师。这一问题导致学生接触不到真实航海实践经验的传授，无法直接借鉴国际船员的专业知识和行为规范。这对学生的学习和发展都带来了一定的不便。

另外，职业本科航海类院校还面临着缺乏国外航海技术专业教师的问题。缺乏这样的教师意味着学生无法获得来自国际航海领域的尖端知识和技术。在当今航海技术不断发展的背景下，这一问题对学生未来的就业前景产生了不容忽视的影响。

目前，职业本科航海类院校的英语教学主要由国内航海专业教师和普通英语教师承担，然而，这种安排存在着一些问题。首先，一些航海专业教师虽然懂专业英语，但并不精通，无法提供高质量的英语教学。而一些普通英语教师虽然懂英语专业，但对航海知识了解不深，无法满足学生的专业需求。这种教师结构的缺陷给职业本科航海专业的英语教学带来了一定的困扰。为了解决这些问题，国内职业本科航海类院校应该积极引进符合要求的国外高级船员类教师和航海技术专业教师，以充实师资队伍。此外，也应该加强与国外院校的合作交流，开展教师互派和学生交换项目，提供更多的国际化学习机会。同时，也需要对英语教学进行优化，推进英语教师与航海专业教师的合作，确保学生能够获得真正全面的英语和专业知识培养。

通过这些改进和措施，国内职业本科航海类院校将能够更好地推进职业本科航海专业双语课程和全英语专业课程教学的发展，提高学生的国际竞争力和国际航海事业发展的适应能力。

（四）航海专业国际化人才培养模式的构建

国际化人才的要求在现代社会变得越发重要。一个具备国际化素养的人才应当懂得国际惯例与规则，掌握行业规范和专业技能，并具备与异域文化相融并沟通的能力。这些特质对于适应全球化和国际化的发展趋势至关重要。高等教育机构必须与时俱进，建立与相关专业和职业特点相适应的人才培养模式。在航海专业中，船舶电子电气工程的国际化人才培养显得尤为重要，因为国际航运市场的竞争日益激烈。船舶电子电气工程专业需要满足STCW公约马尼拉修正案的规定，要求船舶拥有适任证书的电子电气员。这意味着船舶电子电气工程专业的学生需要掌握与国际标准相符的知识和技能，以确保他们在国际航运市场中具备竞争力。培养适应航运业 ETO（电子电气技术官员）岗位需求的创新型国际化人才具有战略意义和现实必要性。这些人才不仅需要具备传统的技术能力，还需要拥有创新思维和解决问题的能力，以应对船舶电子电气工程领域日新月异的发展。

在构建国际化人才培养模式时，应以国家和专业需求为导向，并根据高校现有条件逐步开展。这意味着高校需要对课程设置进行优化，加强国际合作与交流，提供实践机会和交流平台，以帮助学生获得国际化人才所需的能力和经验。以大连海事大学的船舶电子电气工程专业为例，可以展开国际化人才培养模式的构建工作。这包括与国际航运企业建立合作关系，为学生提供实习和实践机会；引进国际化的教学资源和课程，开设专门针对国际航运市场的培训项目；组织国际学术交流活动，促进学生与海外同行的互动和合作。通过这些举措，可以培养出具备国际化素养和全球竞争力的船舶电子电气工程专业人才，以满足国际航运市场的需求。

1. 加强专业建设，优化专业结构

加强专业建设、优化专业结构是为了满足航运企业的需求和国际人才市场的要求。为此，根据这些需求和要求，对课程内容和专业结构进行设置或调整。同时，加强与航运企业和国际人才市场的联系，推动专业建设的国际化和 ETO 认证。构建一个综合化课程体系，提高专业的国际化水平。

2. 改变教育理念，构建国际化的课程体系

改变教育理念，构建国际化课程体系是为了培养具备创新精神和能力的人才。将进行教学内容、方法、手段、教材和评价体系的改革，探索灵活多样的国际化教学模式。此外，还将开设国际性选修课程，培养学生的国际文化背景知识和跨文化交流合作能力。

3. 研究探索创新型国际化人才的教学模式

研究创新型国际化人才的教学模式，以提高学生的专业英语应用能力和国际化综合素质。通过采用双语教学、互动式教学方法和实践性教学活动，培养学生在实际应用中的能力。此外，探索新型的教学模式，如案例教学、情景教学和讨论式教学等，以提高专业教育的质量。同时，还将利用网络教育资源引进国外优秀课程，丰富学生的学习体验。

4. 多层次课程考核体系的研究与建设

进行多层次课程考核体系的研究与建设，以参考国际大学的考核制度，并结合本校和专业的特点制定适合的体系。这个考核体系将是多层次、过程化的，能够全面、客观、准确地评价学生的学习成果，并注重学生能力的进步。多元化、过程化和多层次是课程考核体系的主要特点。

根据各种专业（基础）课程的特点，适当减少期末终结性考试在课程总考核成绩中的比重，增加学生学习全过程的考核比重。以"电机学"课程为例，期末考试试卷成绩占总考核成绩的 50%，学习过程考核占 35%，实践考核占 15%，过程考核主要包括作业、课堂表现、口试考核、分组讨论、论述与答辩及完成论文等 6 项内容。[①]

第二节　"一带一路"倡议背景下航海类国际化人才的培养模式

中国是一个拥有丰富海洋资源的海洋大国，而航运业则是支撑国家经济的重要产业之一。然而，要想实现航运业的持续发展，人才培养是至关重要的。当前，全球经济一体化是不可逆转的趋势，高等教育国际化成为推动经济发展的必然选择。对航运业而言，它也需要与国际教育和产业链相融合，以培养适应全球化竞争的高素质人才。

"一带一路"倡议将航运作为重要的联系纽带，航运人才培养在该战略中扮演主体支撑角色。这一战略为航运人才培养的国际化提供了新的机遇。通过加强与沿线国家的合作，可以吸引更多留学生来华学习航运相关专业知识，进一步提高航运人才的国际化水平。

"一带一路"倡议的实施推动了航运业的转型升级，同时也加速了人才培养的步伐。通过与沿线国家企业共建股份制学院，可以将实践与教育相结合，培养更多适应国际市场需求的航运人才。这种深度合作不仅有助于提高学生的综合素质，还能够促进各方的互利双赢。

---

① 赵红，牛小兵.航海专业国际化人才培养模式的思考与构建[J].航海教育研究,2016（2）：1-3.

在推动航运人才培养国际化方面，还有一些新的思路值得探索。例如，吸引更多国际留学生来中国学习航运专业，增加跨文化交流与合作；打造高端船员培训基地，提升航运人才的实践能力和专业素养；与沿线国家企业共建股份制学院，共同培养具备国际视野和实践经验的专业人才。这些新思路将为航运人才培养的国际化发展开辟新的途径。

一、大学理念的国际化

将全球化理念融入航海教育、科研和社会服务等领域。以"互联互通、开放包容、协同创新、合作共赢"为核心价值观。共同建设"一带一路"海事高等教育共同体。构建国际化航海人才培养的路径和模式。促进沿线国家和地区高校的交流合作。为"一带一路"沿线国家和地区的经济社会发展提供服务。重视本国语言和文化的传承，实现国际化和民族化的双重目标。平衡国际化和民族化的需求，发挥自身优势。建立一个"一带一路"海事高等教育共同体，为国际合作做出贡献；在国际舞台上取得可持续发展，贡献独特的智慧和创新能力。

二、师资队伍的国际化

通过"引进来"和"走出去"战略，提高教师的国际化意识和水平。在"引进来"方面，计划吸收国外先进的教学模式和人才培养策略。根据双方的实际情况，临时或长期聘任那些具有丰富教学和海上实践经验的专业课教师或企业专家，以便他们可以传授先进知识并培训航海技艺技能。通过这种方式，希望提升国内航海专业教师的水平，并促进专业课程的国际化发展。

在"走出去"方面，主要派遣教师出国进行调研、学习和交流。搭建平台，使培养的学生既符合国际化人才培养标准，又能适应不同国家的市场需求和人文素养要求。通过与其他国家的教育机构和企业建立合作关系，加强国际交流，使教师能够了解国际教育的最新动态，并将这些经验和知识带回学校和课堂。此外，鼓励教师和学生参与国际学术会议和项目，提升他们的国际化视野和交流能力。

通过这些策略，相信教师的国际化意识和水平将得到显著提升，教育质量也将迈上一个新的台阶。同时，为培养具有国际竞争力的人才做出重要贡献，推动航海专业的国际化发展，以适应全球化时代的需求。

三、课程设置的国际化

为了实现课程的国际化目标，采取以下措施，以确保学生具备全球视野和竞争力，并在国际航海领域中展现独特的特色：首先，增加了一系列国际化专业课程，将先进的航海理论和技能融入其中。这样，学生将能够接触到最新的航海知识和技术，不断与世界领先的前沿成果接轨。其次，对课程结构和学分安排进行了优化，突出了前沿技术的应用和实践。通过这样的调整，希望学生能够在学习过程中更好地掌握最新的航海技术，并将其应用于实际情境中。为了跟上时代的步伐并展现世界特色，对课程进行了更新和调整。注重将全球航海领域的发展趋势和多元文化融入课程，以培养具有国际背景的学生。此外，重视教师和学生的第二语言学习能力。提供语言培训和支持，帮助他们提高第二语言水平。这将为学生在国际化学习环境中脱颖而出奠定更好的基础。总的目标是培养具备全球视野和竞争力的学生，希望他们能够在国际航海领域中展现独特的特色，并在国际舞台上脱颖而出。通过这些措施，相信学生将成为世界级的航海专业人才，为行业的发展做出重要贡献。

四、校园文化的国际化

通过境外办学和境内合作，促进航海教育的国际化发展。目标是与国外大学建立紧密的合作关系，共同打造一个全球化的交流平台。通过与国际一流航运企业的合作，为学生提供更为广阔的实践机会和职业发展渠道。这一举措将促进航海人才的国际交流与互鉴，培养具备国际竞争力的专业人才。通过这样的合作模式，能够为全球航运领域的发展做出更大的贡献，并为"一带一路"倡议的实施提供有力支持。

"一带一路"倡议在广袤的空间上构建起了全球经贸联系的大格局，航运业起到纽带连接的关键作用。因此，中国的航海教育必须适应全球化和国际化的发展趋势，制定国际化人才培养战略；推动国内外院校与国内外企业的联动，拓宽产教融合新渠道；改变固有的中外合作办学模式，提倡航海类院校办学形式和层次的多样化、办学主体的国际化，国际化特色鲜明是未来航海专业人才培养的着力点。[①]

第三节　航海专业"多元协同"国际化育人模式

一、构建航海类"多元协同"国际化育人模式

职业本科航海类职业教育国际化需要采用"多元协同"的育人模式，这种模式的核心是通过各个主体之间的同步协作、优势互补，实现协同效应，并同时满足各主体的需求，实现协同共赢。在推进职业本科航海类职业教育国际化的内在机理方面，可以从多元主体战略协同、需求协同和组织协同三个方面展开研究。

第一，多元主体战略协同意味着不同主体之间应该协调各自的战略目标，形成整体的战略协同。这可能涉及航海教育机构、航运公司、政府部门等多个主体的合作，确保它们的战略目标相互契合，共同推动职业本科航海类职业教育的国际化。

第二，需求协同是指各个主体之间应该协调各自的需求，确保彼此需求的满足，并找到共同的需求点。这涉及主体之间的需求信息共享、合作开发教学资源、培养计划的制订等方面，以实现各方需求的协同。

第三，组织协同是指各个主体之间应该协调各自的组织结构和资源，实现协同效应。这可能包括建立合作机制、共享教育资源、共同开展教学活动、互相支持和协助等，以促进各主体间的资源整合和优势互补。

为了实现上述"多元协同"的育人模式，需要制定相关的政策制度和需求信息共享机制，以促进各主体间的合作与协调。推动职业本科航海类职业教育国际化，建立多元协同的育人模式，需要深入探究其内在机理。图5-1展示了实现这一目标的前提条件。通过从多元主体战略协同、需求协同和组

织协同三个方面进行研究，可以构建职业本科航海类教育国际化的内在机理。此外，还需要制定适应国际标准要求的人才培养策略，并积极推动职业本科航海类教育与航运业国际化发展的结合，以实现多方共赢的局面。通过采用"多元协同"的育人模式，职业本科航海类职业教育能够更好地适应国际化的需求，提升人才培养的国际竞争力，为航海领域的可持续发展做出贡献。这将促进职业本科航海类教育向更高水平迈进，培养出具备国际视野和综合能力的优秀人才，推动航海行业的国际交流与合作，为我国海洋事业的发展注入新的活力。

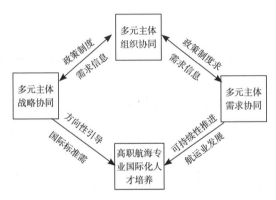

图 5-1 "多元协同"推进职业本科航海类职业教育国际化内在机理

国际航海类人才的培养是一个涉及多种类型和性质的单位的复杂任务。为了推进职业本科航海类职业教育的国际化，可以运用协同论和生态学理论，从内在机理入手进行改进。

首先，需要构建一个职业本科航海类人才培养生态系统，其中包括生态核、生态因子、生态链和生态圈。生态核是指各类教育机构和培训中心，如航海学院、职业学校等，它们是培养航海类人才的基础。生态因子则是指各种资源和条件，如师资力量、实践基地、教育设施等，这些因素对航海类人才的培养起着关键作用。生态链是指各个环节之间的联系和互动，包括教育、实习、就业等，这些环节的有机衔接可以实现航海类人才的全面培养。最后，生态圈是指航海行业的整体环境和生态系统，包括政策法规、市场需求等因素，这些因素会影响航海类人才的培养和发展。

其次，在构建完善的生态系统的基础上，需要形成职业本科航海类职业教育命运共同体。这意味着各相关单位要形成紧密的合作关系，共同推动航海类人才培养的发展。除了国内合作伙伴，可以拓展合作对象至国际组织、国外高等航海类院校和国际知名航运企业。通过与这些国际伙伴的合作，吸取它们的经验和先进的教育理念，进一步提升航海类人才的培养水平。

最后，以引领的姿态来推动国际职业本科航海类人才培养，实现合作共赢。应该积极参与国际航海类人才培养的交流和合作活动，分享经验和成果，并与其他国家和地区共同制定培养标准和认证体系。通过这种合作和共享，共同提高航海类人才的质量和国际竞争力，实现各方的共同发展和繁荣。

二、航海技术专业"多元协同"国际化育人模式实践

（一）航海技术专业"多元协同"国际化育人模式

"多元协同"是一种国际化育人模式，结合了生态学理论。"多元协同"构建了一个由生态核、生态因子、生态链和生态圈组成的国际化船员人才培养生态系统。目标是形成航海教育的命运共同体，通过合作共赢实现共同目标。措施和途径包括建设 IMO 示范课程、推广航海技术专业教学资源库、引入标准 IMO 示范课程和开展全球海运能效伙伴项目（GLOMEEP）。合作对象涵盖国际组织、国内外高等航海院校和企业。建立有效的体制机制来激发积极性和推动信息化改革。通过图 5-2 中的生态环境实现共生共荣，包括生态核、生态因子、生态链和生态圈。"多元协同"致力于创造一个相互依存、相互繁荣的国际航海教育生态环境。通过图 5-2 中所示的生态环境，航海教育能够在多个层面上实现共生共荣。

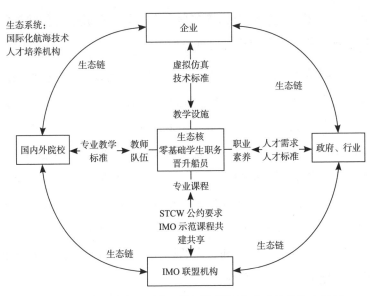

图 5-2　航海技术专业"多元协同"国际化人才培养生态系统

（二）航海技术专业"多元协同"国际化育人模式特征分析

1. 虚拟仿真技术驱动，凸显递进式航海技能实训特色

在航海技能实训中，虚拟仿真技术的运用驱动着整个过程，通过系统论的方法，从海员的基本技能到岗位职业能力再到船舶综合操纵能力，实现了逐步深入的培养视角。通过仿真化设计和计算机终端 PC 化的实现，建立了实物、半实物和全仿真的航海技术递进式实训体系。这样的体系能够让学生逐步接触和应对更加复杂的航海环境，提升他们的实践能力和应对能力。教学环境逼真，不仅包括船舶设备、航海环境和人机交互，还具备智能化教学和智能考评等功能，为学生提供了高度仿真的学习和评估环境。

2. 多元协同育人指引，国际人才培养特色突出

该航海人才培养项目采用了多元协同育人模式，构建了一个国际化航海人才培养的生态系统。以国际海事组织颁布的 STCW 公约标准为依据，以培养国际化航海人才为目标，确保培养出的学生具备国际标准的专业能力。项目充分满足航海教学设施、设备、教师队伍和课程的要求，为学生提供了成为船员或职务晋升船员的培养条件。此外，该项目建立了航运企事业单位与

院校合作、中外航海类院校合作等多种合作途径，形成了合作共赢的效果，为学生提供更广阔的实践机会和发展空间。

3.IMO 国际标准引领，课程体系"课证融通"特征明显

该项目的课程体系以国际海事组织的 STCW 公约马尼拉修正案国际标准为基准，根据航海人才职业知识培养需求，构建了"支持级—操作级—管理级"三级岗位的课程体系。同时，将智能航运、智能船舶等知识融入课程体系，重构了基础层、提升层和高阶层的知识课程，以对接船员三级岗位专业证书的要求。为了实现航海人才职业知识的培养，该项目与国际海事组织、世界海事大学等合作，引进了"IMO 示范课程"的教学资料，确保学生在学习过程中能够获取最新的行业知识和最高的教学质量，实现了课程和证书的有机结合，促进了航海人才的全面发展。

三、优化航海类国际化育人模式的建议

（一）建议进一步探索国际合作办学模式与途径

国际合作办学模式在职业本科航海类院校有一些成功案例。成功案例包括中非合作航海类人才培养、中国—缅甸合作办学和中国—巴基斯坦合作办学模式。合作方式包括师资队伍交流、教学互访和学生交流。跨境校企融合方式是另一种成功的模式，通过校企共同体联合培养国际化航海类人才。目前外籍学生来国内职业本科航海类院校就读的比例较低，国内学生到国外航海类院校学习的机会有限。建议在推进本科层次职业教育的基础上，参考普通本科国际化教育模式，进一步探索职业本科航海类院校的国际合作办学模式和途径。国际合作办学模式能够拓宽学生的国际视野，提高跨文化沟通能力。与国际航海类高校的合作将为学生提供更多的国际实习和就业机会，提高国际化素养和就业竞争力。国际合作办学模式将使学生在国际航海领域中具备更强的能力和优势，为未来职业发展奠定基础。

（二）建议推进国内外船员证书互认进程

尽管国外船员考试发证和国内船员考试发证都是参照 STCW 公约的要求执行，但每个国家实际情况不同，绝大多数国家都会在 STCW 公约的要求之

上适当增加部分内容，通过本国海事主管部门或本国政府安排考核并统一发证。现阶段我国的船员证书除了在少数几个国家认可外，绝大多数国家并不认可，毕业生需要经过专业的培训机构重新参加培训、考试、发证才能被部分境外国家船舶公司聘用。现阶段我国外派国际化船员基本通过国内的外派机构统一安排，若能在一定程度上形成国内外船员证书国际互认，将可以进一步提升我国国际化航海人才培养的国际竞争力。因此，建议在深化"多元协同"国际化人才培养生态系统功能基础上，联合海事主管机关，推进国内外船员证书互认或国际联盟备忘录认证。①

---

① 　方诚，季永青，陈兴伟.高职航海专业"多元协同"国际化育人模式探索与实践[J].中国职业技术教育，2021（17）：64-68.

第六章 STCW 公约马尼拉修正案与航海专业履约人才培养

第一节 STCW 公约马尼拉修正案解读

一、STCW 公约马尼拉修正案产生的背景

1978 年，国际海事组织通过了第一个海员培训、发证和值班标准国际公约（STCW 公约）。这个公约的通过标志着国际社会对海员素质的重视和对海上安全和环境保护的承诺。两年后的 1980 年，中国政府成为 STCW 公约的缔约国，加入了这一国际合作机制。

STCW 公约的通过和生效对各缔约国海员素质的提高起到了积极作用。这一公约规定了海员的培训、发证和值班标准，要求海员具备一定的知识、技能和经验，确保他们能够胜任航海工作，并保证海上航行的安全和环境的保护。1995 年修正案通过 10 年后，国际海事组织决定对 STCW 公约和规则进行全面回顾和修正。这一回顾的目的是确保公约和规则能够适应不断变化的海运环境，保证海员的培训和值班标准符合最新的要求。2006 年，海上安全委员会指示对 STCW 公约和规则进行全面回顾，并确定了回顾的 8 项原则：（1）保留 1995 年修正案的结构与目标；（2）不降低现有标准；（3）不修改公约条款；（4）解决不一致的问题、清理过时的要求及体现技术发展的需求；（5）确保有效的信息交流；（6）由于技术的创新，在履行培训、发证与值班要求方面提供一些灵活性；（7）考虑短航线船舶与近海石油工业的特点与环境；（8）考虑海上保安。通过这一回顾，国际海事组织致力于进一步提高海员的素质和航运的安全性，以应对不断变化的海运环境和需求。

二、对 STCW 公约全面回顾的 8 项原则的理解

国际海事组织（IMO）的目标已经经历了重要的转变。原先的目标是确保航行更安全、海洋更清洁，而现在的目标则更加全面，旨在实现在清洁的海洋上进行安全、保安和高效的航运。为了达到这一目标，IMO 将保安与安全、防污染等问题放在同等重要的位置，并将它们纳入了海员培训的内容中。此外，高效的航运也成为新目标的核心，而航海科技的发展被认为是实现这一目标的重要技术保障。

对于 STCW 公约的全面回顾，马尼拉修正案提供了基础。这一修正案保留了现有的标准，仅对公约规则和 STCW 规则进行全面的回顾和修正。修正案根据不同的原则提出了一系列新的要求。例如，它增加了保安职责和近海石油工业培训的要求，并明确了独立评价报告和电子查询的要求。此外，修正案还提出了远程教育和电子教育的概念。其中，第四项原则在全面回顾中得到了广泛的应用，着重关注技术发展的需求，包括信息技术在内。

在 2010 年，IMO 的 STW 分委会将电子航海战略实施计划作为一个新的议题进行讨论。该计划意识到新技术的发展，特别是信息技术的发展，将成为重要的关注领域。通过引入和应用先进的电子航海技术，如电子导航系统、自动化系统和通信技术，可以提高航运的效率和安全性。因此，IMO 对于航海科技的发展持积极态度，并将其视为实现清洁海洋上安全、保安和高效航运的重要技术支持。这一立场反映了 IMO 对持续推动航海行业的创新和发展的承诺。

三、STCW 公约马尼拉修正案主要修正内容

（一）第 I 章"总则"的主要修正内容

（1）新修正案对船舶证书和定义进行了扩充，引入了多个新的证书和定义。其中包括适任证书、培训合格证书、书面证明、电子员、电子技工、高级值班水手、高级值班机工、保安职责等。根据新修正案，证书被分为三个层次：适任证书（COC）、培训合格证书（COP）、书面证明。每个层次的证书都有不同的发放对象和要求。此外，新修正案还提高了证书的签发、签

证和认可的审查要求，并强调适任证书和部分培训合格证书应由主管机关进行签发。这一举措旨在加强证书的可信度和权威性。修正案还强调了现代化船舶中电子员的必要性，并增加了船舶保安方面的强制性培训要求。这是为了适应航运业的发展和船舶技术的更新。

（2）为了确保证书管理的规范和透明，新修正案新增了有关证书签发和登记的条款。这些条款明确了海上服务资历的认可、培训课程的确认，并提出了发展电子查询和证书注册数据库的建议。

（3）在近岸航行原则方面，修正案增加了与相关缔约国达成一致的细节条款。这样可以促进各国之间的协作和一致性，加强航行安全。

（4）为了提高评价的准确性，修正案增加了独立评价报告的明确要求，并规定了最初资料交流、后续报告及有资格人员的小组。

（5）针对海员健康标准，修正案明确了健康证书的签发要求。要求海员进行健康检查时，必须由认可的从业医生进行，并制定了从业医生的规则和登记。

（6）修正案还强调了船公司的责任，要求他们确保派遣到船上的海员接受符合要求的知识更新培训，并确保有效的口头交流。这一举措旨在提高海员的专业素养和船舶运营的安全性。

（7）最后，修正案规定了过渡期为生效日后的 5 年。在这段时间内，船舶和相关方可以逐步适应并执行修正案的要求。这为各方提供了充分的时间和准备，以确保平稳过渡和有效实施新的规定。

（二）第Ⅱ章"船长和甲板部"的主要修正内容

（1）电子海图显示与信息系统（ECDIS）在航行中的应用是现代航海领域的一项重要技术。它提供了一种更加高效和精确的航行导航方式，能够极大地简化船员的操作和管理工作。ECDIS 分为操作级和管理级的要求。在操作级别上，船员需要掌握如何正确操作和使用 ECDIS 系统，包括输入航线、调整显示设置等。而在管理级别上，船长和高级船员需要具备更深入的了解和掌握，以有效地监督和管理 ECDIS 系统的运行。

（2）除了 ECDIS 系统，航海中的天文知识也是至关重要的。然而，为了简化天文航海的学习和理解过程，提倡使用电子航海天文历和天文航海计算软件。这些工具能够自动计算和提供各种天文数据，减轻了船员的负担，并提高了航行的精确性。

（3）在船员的技能要求方面，强制要求操作级船员具备领导和团队工作技能，而管理级船员需要具备领导力和管理技能。驾驶台资源管理也成了强制性标准，目的是确保船员能够有效地利用所有船上资源，并有效应对各种突发情况。

（4）对海洋环境保护意识的知识和熟练要求也得到了增加。船员需要了解并遵守各项环保规定，包括减少污染、管理垃圾和废物等方面的要求。这样能够促进可持续发展，并保护海洋生态环境的健康。

（5）针对报告程序的要求，新增了按照船舶报告系统和VTS报告程序的一般规定进行报告的内容。这些规定旨在确保及时、准确地向相关机构提供必要的航行信息，以便有效地协调和管理航行活动。

（6）强制要求对高级值班水手发证的最低要求。这意味着高级值班水手需要经过专门的培训和考试，以确保他们具备足够的知识和技能来应对复杂的航行情况，并保障船舶和船员的安全。

（三）第Ⅲ章"轮机部"的主要修正内容

（1）权威机构决定删除对认可教育和培训的最低时间要求，这意味着申请人不再需要完成至少30个月的认可教育和培训才能符合资格要求。

（2）对进阶至轮机员的普通船员，要求也有所提高。在1995年的修正案中，要求至少具备6个月的轮机部海上服务资历，而现在要求完成不少于12个月的金工实习和认可的海上服务资历，其中包括至少6个月在轮机员的指导下进行机舱值班服务。

（3）必须具备领导力和团队工作技能的使用（操作级）及领导力和管理技能的使用（管理级）成了强制性的适任能力要求。此外，机舱资源管理也成了必须达到的标准。

（4）为了适应快速发展的技术和海上工作环境，新的规定还新增了电子员和电子技工发证和资格的强制性最低要求。这个变动旨在确保在船上有足够的专业人员来管理和维护船上的电子设备和系统。

（5）为提高安全性和操作效率，高级值班机工发证也成为强制性的最低要求。这个新要求旨在保证船上有经验丰富且高素质的机工担任关键职位，以应对各种复杂的机器设备操作和维护问题。

（四）第Ⅳ章"无线电通信和无线电操作员"的修正内容

第Ⅳ章的原标题为"无线电通信和无线电人员"，经过修订后，标题被修改为"无线电通信和无线电操作员"。这一修订旨在更加准确地描述该章节所涵盖的内容，并强调无线电操作员的重要性。此外，本章中所有出现的"无线电人员"一词都被修改为"无线电操作员"，以确保统一用语。

除了修改章节标题和用词，本次修订还在第Ⅰ章的规则I/1（定义和说明）中增加了GMDSS（全球海上遇险和安全系统）无线电操作员的定义。这一补充定义旨在强调GMDSS无线电操作员在海上安全通信中的重要作用。

通过这些修订，旨在提高对无线电通信和无线电操作员的理解。新标题"无线电通信和无线电操作员"更准确地描述了章节内容，凸显了无线电操作员在该领域的职责和作用。将所有出现的"无线电人员"改为"无线电操作员"确保了统一的术语使用，避免混淆和歧义。新增的GMDSS无线电操作员定义则强调了在全球海上安全系统中的特定无线电操作员角色。

（五）第Ⅴ章"特定类型船舶的船员特殊培训要求"的修正内容

1995年的修正案对液货船船员培训和资格要求进行了重大调整，将其分为油船、化学品船及液化气船，共设立了5种证书要求。这个修正案的一项新增要求是，与货物操作相关的人员必须具备强制性适任能力，其中包括货物装卸、积载、洗舱等操作技能。

修正案对原本的Ⅴ/2和Ⅴ/3进行了调整，现在它们被整合为新的第Ⅴ/2条，不再强调滚装客船的特殊要求。修正案的标题被改为"客船船员和其他人员的培训和资格的强制性最低要求"。

另外，在B部分进行了补充，增加了近海供给船船长和驾驶员、动力定位系统操作人员、航行极地水域船舶船长和高级船员的培训要求。

（六）第Ⅵ章"应急、职业安全、保安、医护和求生职能"的主要修正内容

修正案的第Ⅵ章主要涉及船员基本安全培训的要求。其中增加了海洋环

境保护知识、有效沟通、团队工作和疲劳控制等内容。

保安培训也得到了划分，包括船舶保安员、熟悉保安、保安意识和指定保安职责人员的培训。修正案要求船员必须获得相应的合格证书。

根据修正案的规定，船员需要每五年提供证据证明他们具备基本安全、救生艇操作和高级消防等方面的适任能力。船上进行的培训项目可以作为证明，但对于非船上培训项目，目前还没有达成一致意见。

（七）第Ⅶ章"可供选择的发证"的主要修正内容

对高级值班机工和高级值班水手的招聘标准进行一些调整。对于申请高级值班机工的候选人，他们需要满足一些适任标准。这意味着，他们需要具备一定的技能和经验，能够胜任这一职位的工作要求。希望招聘到的高级值班水手也能够达到类似的要求。

此外，鼓励低级船员申请高级值班水手职位，并提供发证资历要求的支持。希望通过这一措施，为员工提供更多的发展机会。每个人都有不同的职业目标和发展方向，因此提供了这个机会，让他们有机会在自己的职业生涯中追求更高级的职位。

为了确保甲板部和轮机部的培训方案能够顺利进行，还提供了特殊综合培训项目的指导。这一项目将帮助甲板部和轮机部的员工更好地了解和掌握他们的工作职责，提升他们的专业能力。通过这样的培训项目，员工将能够在工作中更加出色地表现，并为公司的发展做出更大的贡献。

（八）第Ⅷ章"值班"的主要修正内容

为了确保负有安全、防污染及保安职责的值班人员不会过度疲劳，主管机关应制定并执行一系列措施，以保证他们有足够的休息时间。同样，为了防止药物和酒精滥用的情况发生，主管机关也应采取适当的措施。此次修订还包括对一些在STCW公约中引用的法规进行了变更。例如，将《商船搜寻和救助手册》替换为《国际航空和海上搜寻救助手册》，将《标准航海用语》替换为《IMO标准航海通信用语》，以及将《BC规则》替换为《IMSBC规则》等变化。

四、对 STCW 公约马尼拉修正案主要修正内容的理解

马尼拉修正案对海员发证国际标准的要求主要体现在发证管理的信息化方面。根据修正案，海员发证的过程将更加规范和高效。现在，海员发证将采用信息化系统来管理，包括个人信息、培训记录、工作经历等都将被电子化存储。这一举措的目的是提高海员发证管理的准确性和可追溯性，使海员发证更加透明和便捷。

修正案还修正了休息时间的量化标准，以保证海员有足够的休息时间来防止疲劳和滥用药物酗酒。根据修正案规定，海员的工作和休息时间必须符合国际标准，保证持续工作时间不超过规定限制，并规定了海员的最低休息时间。这样的规定有助于维护海员的身心健康，保障航行安全。修正案对培训内容提出了一些新的要求。其中包括特殊用途船船员的培训和适任要求，这是为了确保特殊用途船船员具备相关技能和知识，能够胜任其特殊工作。此外，修正案还要求海员接受保安培训和持有相应的证书，以提高船舶的安全和防范恐怖活动的能力。

修正案强制要求将桥组资源管理（BRM）和机组资源管理（ERM）纳入 A 部分，包括对团队处理应急事故的培训要求。BRM 和 ERM 是提高船舶乘务人员合作和团队协作能力的重要培训内容，有助于提高航行安全，应对紧急情况。

天文航海在远洋航行船舶导航中的重要作用是不可忽视的，尽管 GPS 的应用已经成为船舶定位的主要方法。然而，传统的纸质航海天文历的定位方法需要改革。为了简化定位方法并提高准确性，航海界开始采用电子航海天文历和天文航海计算软件。通过使用这些新技术，船舶驾驶员能够更轻松地进行星象观测和导航计算，同时增加了对天文航海知识的熟悉程度。这对航行安全来说是非常有利的，因为驾驶员能够更准确地确定船舶位置和航向，从而避免与其他船只或潜在的障碍物发生碰撞。

马尼拉修正案在船舶培训中增加了电子航海天文历和天文航海计算软件的使用，这是一项重要的修正内容。国际海事组织也认识到新技术对航海技术的重大影响，并正在推行电子航海战略。马尼拉修正案可以视为实施该计

划的第一步，旨在推动航海界向更现代化、数字化的方向发展。现代航海技术中，电子员的角色变得越来越重要。他们需要掌握船用电子设备和系统的操作、维护和故障诊断的知识和技术。随着船舶上使用的电子设备不断增多，电子员的专业知识和技能变得至关重要。他们负责确保航海设备的正常运行，及时解决任何可能出现的故障，以确保船舶导航的准确性和安全性。

　　STW 分委会建议在对 STCW 公约和 STCW 规则进行修正和回顾时采取不同的方式，以避免频繁修改对各方造成不利影响。他们建议每 5 年对 STCW 公约和规则进行显著的修正，以便及时调整不一致的内容并与新兴科技保持同步。而每 10 年进行全面回顾则可以确保公约和规则的长期有效性。STCW 规则 A 部分要求船舶配备 ECDIS 船长和高级船员，但未具体规定培训和评估内容。而 B 部分提供了一些建议性的指导，需要根据实际情况进行适当的执行。2009 年的修正案和马尼拉修正案要求船舶配备 ECDIS，并将其作为重要内容纳入海员教育与培训计划，这是为了确保船员具备操作 ECDIS 所需的技能。

　　为了更好地应用 STCW 规则中的内容，建议最大限度地考虑 B 部分的指导和解释材料，并将其作为强制性标准。这样可以确保船舶管理者和船员都按照规定的标准进行培训和评估，提高整个行业的水平。尽管现有的 ECDIS 系统已经相当先进，但仍有发展空间。特别是在信息融合方面，可以进一步提高 ECDIS 的功能。ECDIS 已经成为综合驾驶台系统的重要组成部分，智能化地利用 ECDIS 的信息是一个重要课题。这种智能化利用可以使传统的导航技术发生质的变革，提高船舶导航的效率和安全性。

　　现代造船技术、测量技术、信息技术和计算机技术的飞速发展为航海技术的进步提供了重要的科技支持。这些技术的应用使航海变得更加安全、高效和智能化。STCW 公约马尼拉修正案主要修正了新技术的应用，特别是电子航海战略实施计划。该修正案的目的是推动航海业向数字化和智能化方向发展，促进各项航海技术在实践中的应用。通过这一修正案，能更好地利用信息技术来提高船舶安全性、管理效率和船员培训质量。

　　国际海事组织计划在 2020 年前后对 STCW 公约和规则进行全面回顾和修正，以适应新兴科技的发展。这一回顾和修正的目的是确保公约和规则与时俱进，能够应对快速变化的航海技术需求和挑战。通过全面回顾和修正，能够更好地适应新兴科技的发展，为航海技术的持续创新提供支持。为实现海运强国战略和履行马尼拉修正案的要求，进行中文翻译、解读、研讨和学习。同时，修改船员发证体系和健康证书签发体系，并制定新的考试和发证规则。这些改革措施将有助于提高船员的素质和技能水平，进一步推动航运业的发展和航海技术的进步。

在制定符合我国船员队伍需求和航海技术发展需求的规则时，深刻理解马尼拉修正案的前瞻性内容和 STCW 公约的未来发展方向。只有这样，才能在国际舞台上发挥更大的作用，为我国航海业的发展做出更大的贡献。此外，还需要研究制订我国航海科技发展战略和船员强国战略的实施计划，以符合现代航海技术的趋势。这将有助于提升我国航海业在全球竞争中的地位，并推动我国航海技术的创新和发展。通过制定科学有效的发展战略，更好地把握航海科技的发展方向，助推我国航海业的腾飞。

对 STCW 公约马尼拉修正案的履约工作是一项重要而艰巨的工作，将是我国海员发展史上的一个里程碑。[①]

第二节　STCW 公约马尼拉修正案对航海教育的影响

一、师资、设备方面

修订案对高级船员和普通船员的适任能力进行了扩充，引入了新内容，并提出了要求。适应这些新要求对航海教育者构成了新的挑战。他们需要提前更新知识，而培训人员则需要具备经验和资历。然而，许多院校的教师团队并不符合修订案的要求，这给教育机构主管部门带来了一项重要任务，即采取措施以确保师资队伍满足修订案的要求。

为了满足修订案的要求，航海院校需要增加昂贵的教学实验和实训设施。

---

① STCW 公约解读组 .STCW 公约马尼拉修正案解读 [J].航海教育研究，2011（1）：20-24.

然而，一些实验设施和设备价格昂贵，并非所有机构都有能力使用它们。这给规模较小的院校带来了困难，它们无法承担这些费用，只能进行转型。这种情况导致了原有设施和设备失去了利用价值，成为无法满足修订案要求的障碍。

二、教育教学模式

马尼拉修正案对STCW原有的教育模式进行了修改，主要涉及远程航海教育和电化航海教育方面。根据修正案，为了确保电化或远程教育的培训效果，海事主管机关需要提供被认可的评估机制。这样的评估机制将确保每种电化教育或远程教育程序都按照具体的评估指导方法进行执行，从而提高学员的学习成绩，并完善评估程序。

此外，马尼拉修正案还要求必须提供必要的相关考试、监考程序及考试系统的安全保障。这样可以确保考试的公平性和可信度，避免作弊行为的发生。相关考试将评估学员对航海知识和技能的掌握程度，监考程序将确保考试的严肃性和规范性。考试系统的安全保障措施将防止任何形式的作弊行为或信息泄露的发生。修正案的主要目的是提升电化教育和远程教育在航海领域的应用水平，并保证教育质量和学员学习成果的可靠性。通过引入被认可的评估机制和相关的考试安全保障措施，修正案致力于提高教育教学质量，使得学员能够更好地掌握航海知识和技能，为未来的航海事业做好准备。

马尼拉修正案的出台，对于航海教育领域具有重要意义。它促进了电化和远程教育的发展，并为学生提供了更多灵活的学习机会。同时，修正案也为航海业界提供了更有保障的教育质量控制机制，为人才培养和行业发展提供了更加可靠的保证。通过这一修正案，航海教育将朝着更加科技化、高效化和专业化的方向迈进，为航海行业的繁荣做出积极贡献。

三、数字航海战略

马尼拉修正案在新技术应用方面进行了大幅度的增加和修改，主要是为了推动数字航海战略的实施，其中信息化和数字化是其特点。修正案特别关注船员在信息技术应用方面的要求，强调船员应能熟练操作电子海图显示与信息系统（ECDIS）和现代导航设备，这可视作最基本的要求。通过这些修改，修正案表明对现代航海技术综合应用的重视，以确保航行的安全性。

此外，修正案还明确了对电子员和电子技工发证和资格的强制性最低要求，以确保船员能够有效地监控和维护"数字化"控制设备。这意味着船员需要具备一定的技能和知识，以适应船舶上数字化设备的运行和维护工作。

通过马尼拉修正案的修改，船员在数字化航海技术方面承担了更大的责任和义务。船员不仅需要具备传统航海知识和技能，还需要深入了解和掌握现代的信息技术和导航设备。这将确保船员在数字化环境下能够高效地执行任务，并提高航行的安全性。

四、船员素质

中国已成为全球注册海船船员数量最多的国家，而在外派船员数量上则名列第二。中国船员必须应对来自文化差异和冲突方面的问题。在与国外船东和船员进行沟通交流时，不同的文化背景可能导致误解和困难。因此，中国船员需要具备良好的职业个性、全球化眼光和强大的人文交流能力。这将有助于他们更好地理解并与来自不同国家和文化的船员进行合作。

提高中国船员的综合素质和解决文化差异问题是关键的挑战。为此，中国的船员培训机构和相关部门应加强培训计划，注重提高船员的职业道德、技术技能和跨文化交流能力。此外，加强与国外船东和船员的合作，促进双方之间的理解和互信也是至关重要的。为了解决这一问题，中国船员需要加强培训，在职业发展中注重塑造良好的职业个性，拓宽国际化的视野。此外，他们还需加强对西方文化的学习和理解，提高英语水平，以便更好地与国外船东和船员进行交流。只有通过这些努力，中国船员才能更好地适应国际航海领域的需求，提升自身竞争力，赢得更多的国际雇主的认可和信任。

五、职务晋升

我国海船船员管理级的任职要求相对较低，仅要求参加适任考试而无须强制培训。然而，目前的考试体制几乎没有区分管理级和操作级对知识的考查，这导致了管理级人员缺乏应有的额外知识。虽然修正案将科目整合在一起，但实质内容并没有根本性的改变，教育资源在管理级晋升中的作用仍未得到发挥。现阶段的培训时间较短，结果培养出来的管理级船员的能力与实际适任岗位的要求不相符，这不仅对船员个人的职业发展造成了损害，也给我国的国际声誉带来了负面影响。

此外，准船长和轮机长缺乏长周期培训，无法满足未来海上航行的需求。国内也缺乏综合精英培训团队，这导致管理级培训未能将操作级和管理级之间的差异化进行有效区分和培养。这种情况下，很难培养出适应未来海上航行需求的高素质人才。

因此，为了提升我国海船船员管理级的素质，需要从根本上改革现有的任职要求和培训体制。加强管理级人员的培训，确保其具备额外的专业知识和技能，同时要提供长周期的培训计划，以适应未来海上航行的发展需求。此外，建立一支专业、综合的精英培训团队，确保管理级培训与操作级培训之间的差异化培养，从而为我国海船船员队伍的发展注入新的活力。

六、行业规范

应该看到，虽然我国早已于 2007 年颁布实施了《船员条例》等相关保护船员的法律法规，但其对中小企业的约束远远不够，对违法违规企业的惩罚也极为有限。因此广大船员尤其是个体船员的权益难以得到保障，其中尤以内贸船员为最。近年来，由于准入门槛低、航线短、休假方便、内外贸工资差异小等原因，大量外贸船员纷纷放弃远洋航线选择内贸，导致内贸船员人满为患。许多做到管理级职务的外贸船员，更是宁肯选择薪水较低的内贸沿海航线，也不愿选择更具挑战性的外贸远洋航线。许多中介公司扰乱经营秩序，游离于政府监管之外，严重损害了船员的权益，更影响了正规外派机构的声誉。①

---

① 　陈为军,张大超.浅析《STCW公约》马尼拉修正案对我国航海教育的影响[J].赤子(中旬)，2014（18）：6-7.

第三节　STCW 公约马尼拉修正案背景下航海专业的发展对策

一、探索航海教育与培训的多元化教学模式

根据马尼拉修正案提出的教育方式的多样性，包括电化教育和远程教育等，在我国航海院校中，必须转变传统观念，积极拓展思路，并采用多元化的航海教育教学方式。这一转变对于抓住契机、实现航海教育与培训目标至关重要。

（1）电化教育将成为航海教育的重要组成部分。随着技术的不断进步、电子设备和互联网的广泛应用，电化教育为学生提供了更加便捷和灵活的学习方式。航海院校可以利用多媒体教室和在线学习平台，提供丰富的教育资源和互动式学习体验。通过电化教育，学生可以随时随地获取教材、参与讨论、进行模拟实验等，从而增强他们的学习效果和兴趣。

（2）远程教育也是航海教育领域的一项重要创新。通过远程教育，航海院校可以突破地理限制，将知识传授延伸到更广阔的地域范围。学生可以通过在线课程和虚拟教室与远程教师进行互动，接受系统化的航海教育培训。远程教育为航海院校提供了与国际交流与合作的机会，促进学生的全球视野和跨文化交流能力的发展。

（3）要实现这些教学方式的有效运用，航海院校需要采取一系列的措施。首先，教师需要接受专业培训，熟悉电化教育和远程教育的最新技术和教学方法。其次，航海院校需要投入足够的资源来建设和维护电化教育和远程教育的基础设施，如教学设备、网络连接等。此外，与航海教育相关的法规和政策也需要进行相应的调整，以适应新的教学模式和要求。

二、增加航海教育与培训的教学设备及内容

根据马尼拉修正案对船员适任和发证标准的最新规定，需要对教学大纲和教学计划进行调整，以满足现代航海对科学技术发展的要求。为此，计划

采取以下措施来提升培训设备和设施：

（1）增设一些新的课程，以适应航海界对科技发展的需求。这些新课程包括电子海图显示与信息系统（ECDIS）、驾驶台资源管理（BRM）及船舶保安培训等。通过这些课程，为船员提供必要的技能和知识，以应对现代航海中的挑战。

（2）调整部分专业课程的教学内容和学时，以确保其与最新标准和要求相符。这将使学生能够更好地理解和适应行业的变化，并为他们的职业生涯打下坚实的基础。

（3）为了使教学体系更加完善，优化专业课程的架构，并合理融入马尼拉修正案中新增的要求。通过这一举措，形成一套示范教学培训课程，为学生提供全面的航海教育。

（4）除了专业知识和技能培训外，加强培养海员关于海洋环境保护意识的工作。计划将环保意识融入海员培训的各个环节，从而使他们在实践中更加注重环境保护，并为可持续发展做出贡献。

通过这些改进措施，使航海教育与时俱进，以满足现代航海对科学技术发展的要求；培养具备全面知识和技能的船员，他们能够胜任各种职责并适应不断变化的航海环境。

三、注重航海教育与培训的实践

从马尼拉修正案中可以看出，航海实践教学占据重要地位。因此，提升船员的实际操作能力，才能保证其符合职位要求。航海教育应加强实践教学，充分发挥学校航海模拟器的作用。同时，还要通过模拟航海实际工作场景和设计航海实船操作专题对学生进行训练。模拟近似实际船舶、实际工作环境条件、实际气象条件和实际工作程序，让学生将学过的知识运用到实践中，进一步提高学生的综合素质和实操能力。另外，要充分发掘航运企业的资源，加强校企合作和国际合作。针对航海教育培训机构实习船、实习场所不足的现状和航海专业学生实操能力的需求，利用一切可用资源创造条件，建立完善的实习基地。[①]

四、研究出台定期性的师资更新规划

国家海事局意识到航海院校教师的师资更新对保证教师适任适岗非常重要，因此研究出台了定期性的师资更新规划。这一规划旨在确保教师队伍的素质和能力能够跟上时代的发展和学科的进步。为了打破教育资源的垄断，各地方海事局在此基础上协调引导辖区内的航海院校开展"分工合作"。这种合作形式旨在集中财力和物力，使各自形成自己的比较优势，突出某一专项领域的发展。通过这种方式，航海院校可以有效地分工合作，充分利用资源，提高教学质量。在加强相互交流方面，各航海院校也应该积极主动。它们可以相互交流经验，分享教学方法和教育理念，互相借鉴和学习。这样的交流将有助于提升整个航海教育的水平，为学生提供更好的教学和培养环境。

除了规定的定期检查，海事主管部门还应该加强与航海院校的交流沟通。它们应该及时了解国际上关于航海教育的最新资讯，与各院校交流并制定相应的措施。这样可以让各航海院校在教育教学质量方面保持与国际接轨，提高整个行业的竞争力。

五、加强交流合作，借鉴世界航海教育强国的经验

第一，国内各航海院校在发展航海教育过程中，可以从世界航海教育强国中借鉴经验。为此，需要调整航海教育的目标，将重点放在提升船员的船舶资源管理能力和管理水平上。加强船员的技术培训，让他们能够熟练地管理和操作各种船舶资源。

第二，培养船员的沟通交流能力和团队协作水平。应该提供相应的培训和实践机会，培养船员在跨文化环境中进行有效沟通和紧密合作的能力。只有这样，船员才能够胜任复杂的航海工作，并且在危急情况下能够高效地解决问题。

第三，需要培养船员的爱岗敬业精神。他们应该对自己的职责和工作充

---

① 王海霞,王庆名,庞玺斌,李九玲.STCW公约马尼拉修正案背景下航海教育的发展对策 [J]. 西部素质教育，2017（5）：100.

满热情，保持专业精神，为航海事业做出积极贡献。这需要航海院校注重培养学生的职业道德和责任感，并为他们提供适当的激励和奖励机制。

第四，国家海事局应该引导国内各航海院校加强与国外相关海事组织和优秀航海院校的交流与合作。这种交流可以通过学生交流项目、教师交流和合作研究等形式进行。借鉴他们的教学方法和课程设置，以及他们在航海领域的最新研究成果。

第五，鼓励国内航海院校的师生们"走出去"和"引进来"。也就是说，应该鼓励他们参加国际性的学术会议和航海活动，与海外同行进行深入交流。同时，也要鼓励国外的专家和学者来访航海院校，提供宝贵的经验和指导。

第六，与航海教育相关的政府部门也应该给予支持和鼓励。它们可以与航海院校协作，提供政策上的支持和资金援助，帮助它们改善教学条件和设施。此外，政府还可以鼓励船舶业界提供实习机会和就业机会，为航海院校的毕业生提供更好的发展平台。

第四节　基于STCW公约马尼拉修正案的航海专业课程

一、基于STCW公约马尼拉修正案的职业本科航海技术专业课程开发

（一）职业本科航海技术专业课程开发的总体思路

高等航海职业院校必须按照STCW公约马尼拉修正案的要求，开发职业本科航海技术专业课程体系。教育应当以航运市场为导向，培养适应岗位要求的无限航区操作级船员。为此，需要进行分析和整理，以满足马尼拉修正案所规定的最低适任标准和航运人才市场的需求。仔细研究所需的操作知识、素质和技能。在确定专业教学的核心内容时，考虑学生获取知识和技能的途径。同时，还需要思考学生未来职业发展需求和基础知识要求，以进一步确定专业教学内容体系。通过对岗位职能模块的分析，对教学内容进行归纳，并构建起专业课程体系。为确保教学的质量和实施标准，制定课程教学实施标准，并采用项目驱动、任务导向的教学模式。这些步骤的目的是确保高等

航海职业院校能够提供符合国际标准的航海技术教育，以培养适应行业需求的船员人才；努力为学生提供全面而有深度的航海教育，使他们能够在航运市场中取得成功。以上课程开发的总体思路可见图 6-1 所示的逻辑过程。

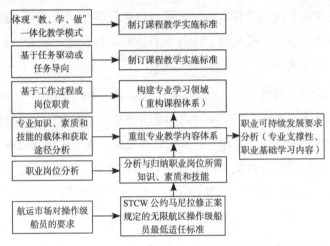

图 6-1　职业本科航海技术专业课程开发的总体框架

（二）职业本科航海技术专业教学内容的遴选

职业本科航海技术专业的教学内容设计应以实践操作和安全行为培养为核心目标。在选择教学内容时，需要遵循一些基本原则。首先，重点放在解决实际操作中的技巧、经验等过程性知识上，以培养学生学会"如何做"和"如何做得更好"。其次，在教学中也要涵盖一些概念、原理等陈述性知识，解答"是什么"和"为什么"的问题，以辅助学生全面理解航海技术。此外，还应充分考虑学生的基础学历培养需求，以及船员职业可持续发展和基本素质养成的需要。

STCW 公约马尼拉修正案规定了船员的最低适任标准，对职业本科航海技术教育提出了要求。教育应以国际和国内航运市场需求为导向，培养学生成为无限航区操作级船员。教学目标包括对岗位职责进行分解，制定具体的工作任务和专项能力要求。对于航行值班的高级船员，学生需要掌握相关知识、培养技能、保持良好态度，并熟悉使用相关工具和软件。这样的教学设计可以满足航海行业对职业本科航海技术专业人才的需求。举例来说，对负责航行值班的高级船员的最低适任标准中的"计划并引导航行和定位"操作级航行职能，该职能的任务分解过程如下图 6-2 所示。

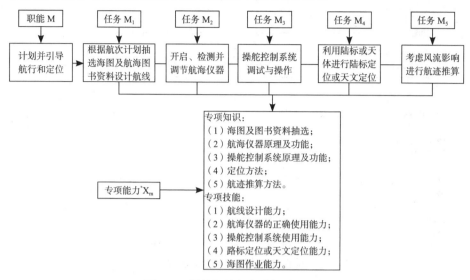

图 6-2 岗位职能任务分解过程示例

（三）职业本科航海技术专业课程体系的构建

将专业教学内容转化为体现专项能力的教学内容是构建课程体系的关键。教学分析是核心步骤，通过转化为教学单元或模块，将专项职业能力目标转化为教学目标，以及将相关知识技能转化为具体学习和训练内容来实现这一目标。教学内容设计时需高度提炼和概括，避免重复和遗漏。普通高等教育可划分为通识课、专业基础性课和专业课程；职业本科教育根据职业岗位工作过程或岗位职责划分。航海职业教育可构建按海员基本素质养成、职业基础学历提升和职业核心能力培养等课程功能模块。海员基本素质课程分为海员身心素质、职业道德素质和职业安全素质等内容。职业基础学历课程包括通识课和专业课，提供基础学科知识和技能。职业核心能力课程根据不同职责分解，如航海学、船舶操纵与避碰、船舶管理、船舶结构与货运及航海英语。还需培养职业综合技能和素质，如团队合作、沟通能力、问题解决能力，以及职业道德和素养。培养这些能力和素质有助于学生在职业生涯中成功。职业本科航海技术专业课程体系构成如图 6-3 所示。

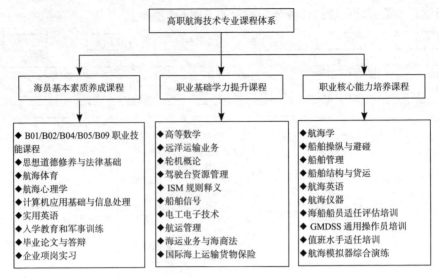

图 6-3 职业本科航海技术专业课程体系示例

（四）职业本科航海技术专业课程内容的序化

课程内容的序化是指对课程内容进行组织设计和顺序安排的过程。在普通高等教育中，注重专业知识的逻辑性和系统性，强调按照认知规律和心智规律进行时序序化。这意味着课程从表面的、容易理解的内容开始，逐渐深入，逐渐难度加大。学生首先进行理论学习，掌握基本概念和原理，然后通过实践应用来加深理解。职业本科教育则采用情景化和项目化的方式来序化课程内容。重点在于培养学生在职业岗位上所需的技能。课程设计强调将学习与实践相结合，通过模拟实际工作环境的情境设置和项目任务，培养学生解决实际问题的能力，并提供实际经验的机会。

而高等航海职业教育则采用项目化课程内容的程序化方式。在这种教育模式下，知识理解、素质养成和技能训练有机地融合在一起。课程旨在培养船员具备船舶设备操作和安全管理能力。通过模拟实际航海操作和应急情况的项目训练，学生可以学习船舶设备的使用方法，培养应对危险情况和保障船舶安全的能力。以"航海学"课程为例，可将其教学内容划分成图 6-4 所示的七个教学项目，项目还可根据教学目标的分解或实施情况再划分子项目，如项目一还可进一步划分成回声测深仪、磁罗经和陀螺罗经、船载 GPS、船载 AIS 等若干子项目；项目二可划分成航迹推算、陆标定位、天文定位若干子项目。各项目（或子项目）内部的教学内容可按背景知识、过程性知识、专项技能训练、项目拓展知识的顺序进行内容重组。

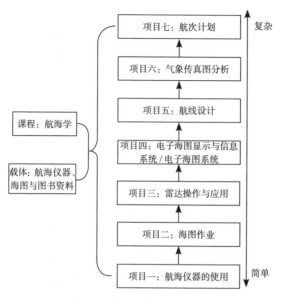

图6-4 项目化课程序化示例

（五）职业本科航海技术专业课程教学实施标准的制定

职业本科航海技术专业课程教学实施标准的内容除包括传统的教学大纲（或称课程教学标准）中的课程性质、课程教学目标、课程教学内容、学时分配及教学建议等内容外，其核心内容应是课程教学过程实施标准，它是规范不同院校、不同施教人员教学行为的课程教学过程实施和组织标准。基于项目化的课程教学实施标准应以每一个教学项目（或子项目）为单位，按实施"教、学、做"一体化的教学模式的组织要求，对各项目（或子项目）的教学内容、教学场所、教学方法、课程教学团队人员构成及资格、教学设施配备、教学时数分配、教学效果评价标准和评价方式等进行说明的规范性教学指导文件，是规范教师教学行为、实行有效的教学过程监控与教学质量评价的基础和保障，也是课程教学团队和专业教学资源规范化建设的促进因素，是保证课程教学质量，实现专业人才培养目标的前提。以"航海学"中的"项目五：航线设计"为例，该项目的教学实施标准编制应如下表 6-1 所示。①

表 6-1 "航线设计"项目教学实施标准

项目名称	项目五：航线设计	
项目描述	通过航线设计及其相关知识学习与实操训练，使学生达到 STCW 公约马拉尼修正案附表 A-Ⅱ/1 中适任项"计划并引导航行和定位"中关于航线设计的适任标准要求	
教学目标	知识目标： ①抽选海图和图书资料；②查阅及改正航海图书资料；③绘制航线和编制航线表 能力目标： 具有航线设计的能力，满足 STCW 公约马拉尼修正案和中华人民共和国海事局海事船员适任考试评估的有关要求	
教学内容	陈述性知识： 航行设计原则；世界水文气象知识；航线设计要考虑的因素 过程性知识： ①抽选海图和图书资料。包括利用《航海图书总目录》抽选航线所需的全部海图；利用《航海图书总目录》抽选航线所需的全部图书；检验所需海图或图书是否适用 ②查阅及改正航海图书资料。包括利用《航海通告》对《航海指南》进行改正的方法；利用《无线电信号表》查某港的 VTS 有关资料或引航有关资料；利用英版《灯标与雾号表》中查出航线中某助航标志的资料；利用英版《潮汐表》查取某港的潮汐资料 ③绘制航线和编制航线表。包括根据航次要求绘制航线；编制航线表 拓展性知识： 制订航次计划；气象传真图分析	
技能训练项目	①抽选海图和图书资料；②查阅及改正航海图书资料；③绘制航线和编制航线表	
教学资源	教学地点	海图训练室
	施教人员	主讲教师（具有大副及以上船员职务）+ 专职实训指导人员
	教学设施	①海图及图书资料若干套；②作图工具若干套
	教学时数	工 30 学时，其中讲授 6 学时，实训 24 学时
教学方法	陈述性知识以实物演示教学法为主，过程性知识以现场操作、实操训练为主	
评价标准	①能准确、熟练地抽选海图和图书资料；②能准确、熟练地查阅及改正航海图书资料；③能准确、熟练地绘制航线和编制航线表	
评价方式	演示或口述 + 实操评估	

---

① 关腾飞.基于STCW公约马尼拉修正案的高职航海技术专业课程开发[J].武汉船舶职业技术学院学报，2012（4）：25-29.

二、基于 STCW 公约马尼拉修正案的职业本科轮机专业课程体系开发

（一）修订后的船舶三管轮适任考试科目与考试大纲

1. 考试科目

根据 STCW 公约马尼拉修正案及新时期船舶技术的发展要求，国家海事局修订了海船船员适任考试科目、评估项目。船舶三管轮的考试科目如表 6-2 所示。

表 6-2　船舶三管轮的考试科目

	三管轮		
	职务晋升	航区扩大	功率提高
主推进动力装置	☆★		☆
船舶辅机	☆★		☆
船舶电气及自动化	☆★		☆
船舶作业管理和人员管理	☆★		☆
轮机英语	☆	☆	

注：①申请二管轮与申请三管轮适任证书的考试科目相同。②表中标注"☆"表示申请无限航区轮机员对应职务和申考形式应考的科目。③表中标注"★"表示申请沿海航区轮机员对应职务和申考形式应考的科目。

2. 船舶三管轮适任考试大纲

（1）考试大纲调整的基本原则

参照 STCW 公约马尼拉修正案第Ⅲ章轮机员四个职能模块 2，将原有的各科目整合为五个考试科目，即主推进动力装置、船舶辅机船舶电气、船舶作业管理与人员管理及轮机英语。这些科目的整合是根据轮机专业知识体系进行合理序化的结果。考虑到航运技术的发展要求，更新了考试科目的内容。同时，按照够用实用的原则，在减少理论知识的同时增加了实训评估的内容。此外，还改变考核方式，各科目增加了主观试题，重点在于能力的考查，尤其注重实际问题的解决。

（2）船舶三管轮适任考试各科目内容

根据理论知识够用、重在实践能力和自适应能力培养的原则进行了修订，以使之更符合岗位适任能力的要求。这样的修订旨在确保考试科目内容与实际工作要求相匹配。通过修订，注重培养考生的实践能力和适应能力，使其

能够胜任船舶三管轮岗位所需的技能和知识。这些修订反映了行业发展和专业要求的变化，并确保考生能够在实践中应对各种挑战和问题。修订后的大纲各科目与考核知识点如表 6-3 所示。

表 6–3　三管轮适任考试大纲科目与考核知识点

考试科目	考核知识点
主推进动力装置	基础理论知识：材料力学（基本概念、应力集中）、机械制图、机构与机械传动、金属材料及其工艺
	船舶柴油机：工作原理、结构、燃油喷射与燃烧、换气机构（增压器）、调速器、柴油机的起动、电控技术、爆压测量、运行管理
	船舶动力装置：传动方式、传动轴系、桨结构、船舶动力系统
	船机零件的维护、修理：摩擦与磨损、腐蚀、疲劳破坏、修复工艺、缺陷检验和故障诊断技术、主要零件的检修、柴油机吊缸检修
船舶辅机	基础理论知识：工程热力学、传热学、仪表与量具、单位换算
	船用泵、船舶辅助管系、空压机、船舶制冷装置、船舶空调、船舶液压设备、造水机、船用锅炉
船舶电气与自动化	船舶电子、电气基础：直流电路、交流电路、电与磁、电子器件及电路
	船舶电机与电力拖动系统：直流电路、变压器、交流异步电动机、电力拖动控制系统
	船舶发电机和配电系统：发电机、电力系统、并联运行、电站运行安全保护、船舶照明
	船舶电气、电子设备的维护与修理、故障诊断与功能测试：工作安全要求、控制线路识别、电子元器件识别、控制箱、电机维护、电力系统维护
	反馈控制系统基础、船舶计算机及船舶网络基础、自动控制、机舱监测与报警系统、火灾力动报警系统
船舶作业管理和人员管理	船舶结构与适航性控制、船的防污染管理、船舶营运安全管理、机舱资源管理、船舶维修管理
轮机英语	轮机英语听力与口语、写作、轮机业务基础英语

（二）职业本科轮机专业课程体系优化

1.课程体系结构调整

课程体系是由一系列相互联系而又相互制约的课程组成的有机整体。职业本科轮机专业采用的是"双证"融通的课程体系，将专业培养方向与船舶轮机三管轮适任证书要求相统一。随着 STCW 公约马尼拉修正案和国内规则的调整，职业本科轮机专业的课程体系也需要进行相应的调整，以满足"双证"融通的要求。调整课程体系结构需要根据法规和规定进行，通过校企合作进行分析和梳理，确保课程内容与要求的一致性。校企合作是关键，企业提供实际工作环境的需求和标准，学校提供教育资源和培训计划。通过合理的结构和必要的调整，可以确保课程体系与船舶轮机三管轮适任证书要求相统一，并使学生在毕业后能够适应职业需求。校企合作、课程知识点和能力点的分析和梳理是优化和完善课程体系的关键。职业本科轮机专业通过优秀的课程体系能够培养学生并满足船舶轮机行业的工作需求。调整的过程如图6-5所示。

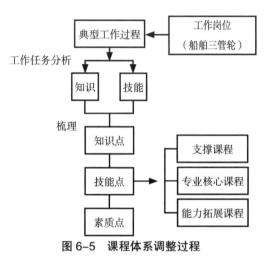

图6-5　课程体系调整过程

　　根据STCW公约马尼拉修正案第Ⅲ章轮机四个职能块的要求和国家海事局对海船船员考试科目的调整，职业本科轮机专业进行了课程体系结构的调整和优化。调整包括对专业课程的重新组织和拆分，以避免重复，并确保课程之间的关联性和连贯性。时间和空间结构也进行了合理序化，注重支撑课程、能力拓展课程和专业核心课程之间的知识衔接与互补。调整遵循了"理论知识适度够用，加强实践环节"的原则，平衡理论知识和实践的比例，培养学生的实际操作能力和适应性。调整后的课程体系结构能够确保学生获得与STCW公约和国家海事局考试科目相匹配的知识和技能。调整后的课程结构有助于学生更好地理解和应用所学知识，为他们未来的职业发展奠定坚实的基础。调整后的课程体系结构如图6-6所示。

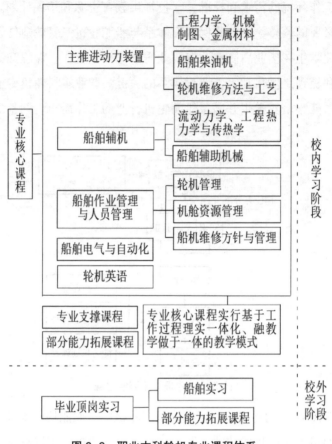

图 6-6　职业本科轮机专业课程体系

2. 课程的解构与重构

轮机专业学生需要具备多项职业能力，除了基本职业素质和能力之外。这些职业能力包括轮机工程、电气、电子与控制、维护与修理、船舶作业管理和人员管理及英语等方面的能力。

为了满足岗位的能力要求，需要对专业核心课程进行调整，将核心课程群确定为船舶主推进动力装置、船舶辅机、船舶作业管理和人员管理、船舶电气与自动化及轮机英语等课程。

除了核心课程，其他课程，包括专业支撑课程和能力拓展课程，也需要进行调整，以形成一个系统的课程体系结构，与专业核心课程相互配合。

在项目课程设计中，可以基于实际的工作过程进行设计，选择典型的工作任务作为教学实践的内容。相关专家可以共同制定这些任务，并让学生按照认知规律去完成任务。通过这样的实践教学，学生能够更好地理解和应用所学知识。

这些调整和设计旨在培养轮机专业学生全面的职业能力，使他们能够适应未来的工作需求。通过系统的课程体系和实践教学的方式，学生能够获得更深入的专业知识和技能，提高自己在轮机工程领域的竞争力。

本节以职业本科轮机专业核心课程的项目课程改革范例说明基于工作过程的课程设计。项目课程的整体设计如图6-7所示。

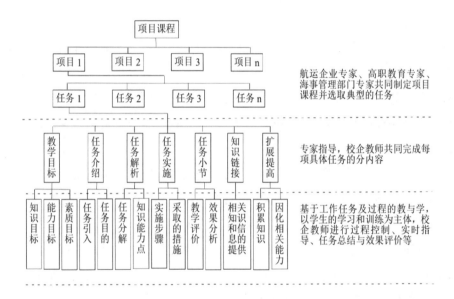

图6-7　项目课程的整体设计

职业本科轮机课程的教学实施是课程改革的核心环节，需要拥有理论基础和实践经验的教师来进行教学工作。学生应成为教学的主体，实际生产任务成为教学的载体。通过一体化的教、学、做课程教学，培养学生的实际工作能力，让学生主动构建知识、能力和综合素质。引入案例分析、问题解决和团队合作等教学方法，将理论知识应用到实践中。组织学生进行实地考察和实践操作，让他们亲身体验和掌握所学内容。注重培养学生的实际工作能力，而不仅仅是传授知识。学生通过实践中的反思和总结不断提升自己的能力和素质。给予学生足够的自主学习和实践的机会，鼓励他们勇于尝试和创新。

遵循"以轮机工作任务引领专业知识、以船舶三管轮适任证书的标准规范课程内容"的原则，进行项目教材的开发。编写体例应与项目课程设计方案相一致。①

三、基于STCW公约马尼拉修正案的"船舶电子电气"专业课程开发

（一）电子员的产生背景

1997年，STCW78/95公约开始生效，不再要求船舶必须配备电机员职位。然而，随着船舶技术的不断发展，尤其是信息技术和电子自动化设备的广泛应用，电机员重新成为船上一个重要的职位。现在，大多数中外籍船舶都配备了电机员或电工，特别是那些年轻且自动化程度较高的船舶。这些船舶意识到电机员的重要性，因为他们能够有效地管理和维护各种电气和自动化系统，确保船舶的正常运行。2007年和2010年的国际海事组织会议提出了增加电子船员的建议，并在2010年通过了STCW公约的修正案，要求对电子员进行强制培训和认证。这一修正案的目的是确保电子船员具备必要的技能和知识，能够适应日益复杂的电子设备和系统。STCW公约的马尼拉修正案于2012年1月1日起生效，并制定了电子员培训和发证的最低要求。根据这一修正案，电子船员的职责涵盖了船舶电气系统的维护和管理、报务员的职责，以及驾驶台上的电气设备和信息技术的操作。作为电子船员，他们需要熟悉船舶的电气布线和电路，掌握各种电子设备的操作和维修技巧。他们还负责记录和处理船舶通信和报告，确保船舶与陆地和其他船只之间的有效沟通。此外，电子船员还需要了解并操作驾驶台上的各种电子设备，如雷达、GPS和自动驾驶系统，以确保船舶的安全导航和航行。STCW公约马尼拉修正案所规定的电子员最低适任要求（见表6-4所示）。

---

① 蒋更红.基于STCW公约马尼拉修正案的高职轮机专业课程体系优化探研[J].辽宁高职学报，2011（10）：64-67.

表 6-4　STCW 公约马尼拉修正案所规定的电子员最低适任要求

职能	适任
电气、电子和控制工程	1. 对电气、电子和控制系统的监控
	2. 对推进装置和辅助机械控制系统的监控
	3. 发电机操作
	4. 电压超过 1 千伏供电系统的操作
	5. 操作船上计算机及其网络系统
	6. 使用内部通信系统
	7. 使用英语进行书面和口头表达
维护和修理	1. 维护和修理电气和电子设备
	2. 维护和修理主推进装置和辅助机械的自动和控制系统
	3. 维护和修理驾驶台航行设备和船舶通信设备系统
	4. 维护和修理甲板机械和装卸货设备的电气、电子和控制系统
	5. 维护和修理生活系统的控制和安全系统
船舶操作控制和船上人员管理	1. 确保符合防止污染要求
	2. 船上防火、控制火灾和灭火
	3. 操作救生设备
	4. 在船上应用医疗急救
	5. 领导力和团队工作技能的要求
	6. 有利于人员和船舶的安全

（二）船舶电子电气技术专业教学内容的遴选

根据 STCW 公约马尼拉修正案，航海职业本科教育明确了船员在船舶电子电气技术领域的最低适任标准。任务分解将各个岗位职责进行详细分解，并制定了相应的专项能力要求。船舶发电机并车操作是其中的一个例子，涉及多个具体步骤和要求。航海职业本科教育通过相关课程和实践训练，培养学生在电气知识、发电机系统操作、配电系统管理等方面的专项能力。通过任务分解和专项能力要求的培训，航海职业本科教育旨在培养具备国际水平的船舶电子电气技术人才，满足航运市场需求。以"船舶发电机并车操作"职责为例，该职责的任务分解过程如图 6-8 所示。

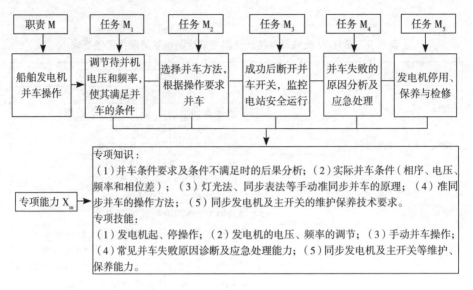

图6-8 岗位职责任务分解过程示例

（三）课程体系的构建

课程体系的构建关键在于进行教学分析，将专项能力转化为教学单元或模块，将专项职业能力目标转化为教学目标，以及将相关的知识技能转化为具体的学习和训练内容。在这个转化过程中，需要注意对教学内容进行高度提炼和概括，以避免重复或遗漏专业教学内容。可以根据教学内容的学科属性对其进行归纳，如将其划分为通识课、专业基础性课和专业课程等。考虑到航海职业教育教学内容的国际标准性、行业规范性和岗位针对性，可以按照海员基本素质养成、职业基础学力提升和职业核心能力培养等课程功能模块来构建课程体系。以"船舶电子电气工程技术"专业为例，其课程体系构成如下图所示（图6-9）：海员基本素质课程可按照海员身心素质、职业道德素质和职业安全素质进行分解。职业基础学力课程包括高等工科教育通识课程和专业通识课程。职业核心能力可以根据职业岗位职责所涉及的主要工作对象（设备）进行分解，如船舶电站、电力拖动系统、机舱自动化系统和船舶航行设备等。此外，还需要考虑职业综合技能和素质的培养。

通过这样的课程体系构建，可以确保教学内容的有效性和针对性，使学生能够全面掌握所需的专业知识和技能。同时，这种课程体系的建立还能够与国际标准和行业规范相匹配，为学生提供更广阔的就业机会和职业发展空间。

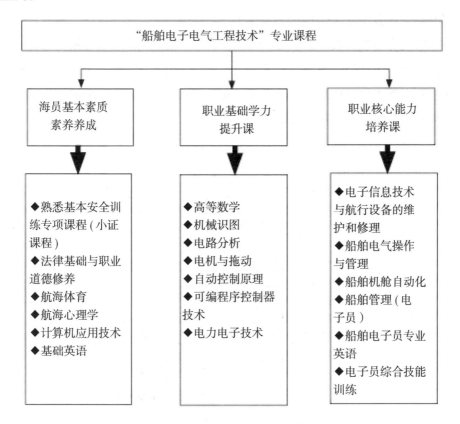

图6-9　船舶电子电气工程技术专业课程体系示例

（四）课程内容的序化

课程内容的序化指的是根据职业岗位技能培养的需要，对课程内容进行组织和安排的框架和顺序。职业本科教育采用情景化和项目化的方式来实现课程内容的序化。这种方法将知识与实际应用结合起来，旨在培养学生的职业能力。高等航海职业教育采用项目化课程来组织教学内容，通过将知识理解、素质养成和技能训练融合在一起，培养学生的职业能力。项目化课程将教学内容划分为不同的教学项目，并按照一定的顺序进行内容的重组和教学安排。项目化的课程方法主要包括解构陈述性知识和重构过程性知识。解构陈述性知识是指将知识进行拆解和分析，以便学生能够深入理解其中的原理和概念。重构过程性知识则是通过实际的项目实践，让学生在实际操作中逐步掌握和运用所学的技能和知识。以"船舶电站操作与管理"课程为例，可将其教学内容划分成图 6-10 所示的七个教学项目，各项目（或子项目）内部的教学内容可按背景知识、过程性知识、专项技能训练、项目拓展知识的顺序进行内容的重组。职业本科教育强调在实践中讲授理论知识，并通过实践来加深对理论知识的理解。学生通过亲身实践和实际操作，能够更好地理解和应用所学的知识，从而提升职业素养和能力。

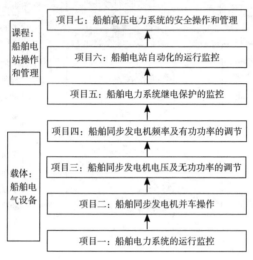

图 6-10　"船舶电站"项目化课程序化示例

第五节　航海专业履约人才培养方案

一、航海技术专业人才培养需求状况分析

为了培养适应行业需求的高素质人才，对航海技术专业人才培养方案进行了修订。针对武汉理工大学航海人才毕业生去向的调查和分析。通过网上问卷调查和电话访谈的方式，收集到 400 份有效问卷。对调查情况进行了综合分析和总结，涉及的内容包括基本信息、就业单位情况、对航运行业的认识程度、对新进员工的需求、人才培养的期望和建议、对学校毕业生的评价

及对航海教育的建议。

调查结果表明，许多学生期望通过实践培训和职业技能提升来增加就业竞争力。根据调查结果，得出了以下结论：首先，航海毕业生应该更加了解航运行业的现状和未来趋势，以便更好地适应就业市场的需求。其次，学校应该加强对学生的职业规划和就业指导，为他们提供更多实践机会和职业技能培训。最后，学校和航运企业之间应该建立更紧密的联系和合作，以确保教育培训与实际需求相符。

（一）航海类人才应具备的知识与能力素质

1. 基本知识和能力

根据调查结果，发现武汉理工大学航海专业毕业生在基本知识和能力方面还有提升的空间。对这些毕业生来说，他们应该加强对计算机应用的掌握，提高英语获取技术信息的能力，以及加强对通信导航和水上运输国际惯例的了解。

航运企业迫切希望招聘具备一定基础知识和能力的航海人才，这涉及外语、计算机操作、文字表达和信息获取等方面的能力。这些技能是航海人员必备的，能够帮助他们更好地适应现代化航运环境的需求。除此之外，技术机构也对航海人才提出相应要求，希望他们在智力、技能倾向和知识技能方面拥有一定的能力。从图6-11可见，STCW公约马尼拉修正案对航海人才提出的能力要求，按重要性排序依次为团队协作与沟通能力、专业知识技能、敬业精神与工作能力、外语计算机能力、思想文化素养和环境适应能力。

在这个信息时代，掌握计算机应用已经变得至关重要。对航海毕业生而言，熟练运用计算机技术不仅可以提高工作效率，还能为航运业务提供更精确的数据分析和决策支持。此外，航海人员还需不断提升英语获取技术信息的能力，因为英语是国际航运领域的通用语言。通过流利的英语交流，航海人才能够与国际同行进行有效沟通和合作。

通信导航和水上运输国际惯例的了解对航海人才来说也是至关重要的。航运业涉及国际贸易和运输，掌握通信导航技术及了解国际惯例能够提高航海人员的工作技能和竞争力。这些知识和技能能够帮助他们更好地应对各种航运操作和突发状况，确保船只和货物的安全运输。

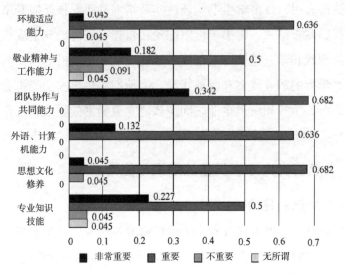

图 6-11　新公约背景下航海人才所需能力重要性选项比例分布

2. 专业知识和能力

航海人才需要掌握航海职业岗位的专项知识，包括航海学、船艺学、海上货物运输、海商法、船舶管理、ISM 规则等。此外，他们还需要具备基本的操船、通信和货物作业能力。

3. 职业特点要求的其他知识和能力

随着技术的发展，驾驶台 / 机舱资源管理、电子海图显示与信息系统、全球海上遇险与安全系统等适任能力变得越来越重要。航海人才需要掌握这些技能，在实际工作中灵活运用。

作为高级海员，团队合作精神是非常重要的。他们需要培养服从意识和团队精神，与其他船员密切配合，共同完成航海任务。船员还需要具备解决问题的能力。他们需要能够分析问题，并提出解决方案并加以实施检验。这种能力对航海人才来说至关重要，能够帮助他们应对各种挑战和突发情况。

在航海人才成长过程中，自我提高的能力非常重要。毕业生的自学能力是衡量其素质的重要标尺。只有不断自我学习、积累知识，才能不断提升自己的能力水平。

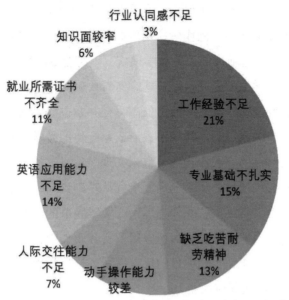

图6-12　武汉理工大学毕业生招聘不足选项比例分布

（二）航海类院校在人才培养方面的改进措施

1.进一步整合优化课程体系

为了处理好基础课、专业课、理论与实践、课内与课外、教与学之间的关系，可以采取以下措施：首先，可以减少必修课学时，并增加选修课比例。通过这种方式，学生可以更好地根据自身兴趣和目标选择适合自己的课程，满足个性化学习需求。此外，还可以设置模块化课程，将知识划分成不同的模块，使学生能够有针对性地学习所需的知识和技能。其次，重视培养学生的特长和个性。除了传授专业知识外，应注重培养学生的经济意识、法律意识、环境意识等多方面的课程。这样可以培养学生全面发展的能力，使他们在未来的职业生涯中能够应对各种挑战。最后，应鼓励学生主动学习，引导他们成为应用型复合人才。学校可以提供实践机会，如实习、实验等，让学生将所学知识应用到实际问题中解决。通过理论与实践的结合，学生可以更好地理解和掌握知识，培养解决问题的能力和创新思维。

2.加强实践教学环节，注重能力培养

为了培养学生的实践能力，加强实践教学是至关重要的。首先，要增加

实践和实习在课程中的比例,确保学生有足够的实践经验。通过增加实践的时间和机会,学生能够在实际操作中应用他们所学的知识,提高他们的技能和能力。其次,需要改进航海实习的教学模式,以符合 STCW 公约马尼拉修正案的要求,并提高学生的专业水平。这意味着要确保学生在实习中接触到真实的航海操作和环境,熟悉实际的工作流程,并掌握必要的技术和技能。此外,实践教学环节需要进行统筹安排,形成系统化的教学体系。这可以通过设计一系列有机衔接的实践课程和项目来实现。通过这种方式,学生能够逐步接触到不同的实践场景,从简单到复杂、从基础到高级,全面锻炼他们的能力。最重要的是,要解决航海教育理论与实践脱节的问题,提高毕业生的动手能力。学生需要学会将理论知识应用到实际工作中,解决实际问题。这可以通过增加实际操作和实践项目的比重来实现,让学生在真实的情境中进行实践,培养他们的实际应用能力。

3. 注重职业素养的教育培养

考虑到航运行业的特点,包括复杂多变的自然环境和工作环境、国际性、独立性和国防性,应注重培养学生的职业素养。这包括培养责任感、事业心、服从意识、团队精神和跨文化交流能力等方面的素养。通过课程设置和教学方法的创新,可以培养学生的责任感,使他们对工作充满热情和敬业精神。航运业的这些职业特点,决定了对航海人才必须具备的综合素质也有着特殊的要求。具体来说,这些要求包括责任感和事业心(75%)、服从意识和团队精神(80%),以及跨文化交流能力(60%)等的教育和培养。①

二、航海技术专业人才培养方案改革

航海技术专业是一门具有强大适应性和国际通用性的岗位。为了紧跟航海科技的发展,并满足就业形势和航运市场的需求,制订了一系列培养方案。这些方案基于国际航运行业的背景和需求进行研究,并致力于满足学生在基础知识、新公约和适任标准、学生综合素质等方面的要求。

推行学分制改革,并致力于创建一流的本科教学环境。通过学分制改

---

① 高磊. 航海类大学毕业生质量跟踪调查报告 [J]. 科技资讯,2010(7):177-179.

革，更好地激发学生的潜力，并提供更多的自主选择空间。这有助于培养那些具备厚实基础、广泛知识、强大能力、高素质和创新能力的航运复合人才。这些优秀的人才将能够适应各种航海技术的发展，并在国际航运领域中脱颖而出。

重视与航运市场的紧密联系。深入研究航运市场的需求，并根据市场的变化调整课程设置。培养学生的实际操作能力，并提供与航运行业紧密结合的实习机会。通过与实际工作环境的联系，学生可以更好地理解行业的需求，并为将来的职业发展做好准备。

（一）修订人才培养目标

航海教育在培养现代航海专业人才方面需重点注重创新精神和实践能力的培养。中国航海教育已经逐步完善，从过去的学历教育向更加专业化的航海职业教育发展，但仍需要进一步努力培养国家海洋战略的践行者和航海领域的引领者。

新的定位对航海技术人才的培养提出了更高的要求。这些要求包括符合国家和国际法规要求，具备工程技术和文化素养，以及具备社会责任感。同时，他们还需要关注海洋和航运问题，并具备安全意识、环保意识和质量意识等。这样的培养目标旨在培养出全面发展的航海技术人才，他们在航海领域具备广泛的知识和技能，同时还具备创新意识和实践能力，并拥有国际化的视野。

航海技术人才需要掌握扎实的基础知识、理论和技能。他们需要具备广泛的航海知识，包括导航、海图绘制、船舶操纵等方面的技能。同时，他们还应该培养创新意识和实践能力，以便能够在不断变化的航海领域中应对各种挑战。国际化的视野也是航海技术人才必备的能力，他们需要了解和适应不同国家和地区的航海标准和实践。

除了航海技术人才，航海领域还需要具备管理能力的人才。这些人才应该能够胜任商贸运输和国防需求，并具备创新意识和实践能力。他们需要了解和应用管理原则和方法，以有效地组织和管理航运业务。同时，他们也应该具备国际化的视野，能够在国际航运市场中发挥作用。

（二）重置课程体系结构

1.课程结构及学分要求

新的培养方案采用了一种全新的模式，即"1+3"模式。这一模式包括通识课程和专业课程，旨在为学生提供全面的知识训练和专业技能锻炼，各类别最低毕业学分规定如表6-5所示。

表6-5　航海技术专业最低毕业学分规定

课程类别 课程性质	通识课程	学科大类课程	专业课程	模块课程	集中性实践	课外学分	总学分
必修课	35	40	45.5		35		190
选修课	9			15.5		10	

2.专业核心课程体系调整

在专业核心课程体系上，进行了一系列的调整和改进，旨在适应行业发展的需求。一方面，新增了智能航海课程，为学生提供了探索先进技术在航海领域应用的机会。这门课程将介绍无人船、人工智能导航系统及自动化操作等内容，使学生对未来航海技术趋势有深入了解。

另一方面，航运业务课程的引入使学生能够深入了解航运企业的运营和管理。他们将学习投资分析、船务计划及供应链管理等关键概念，以为将来从事相关职业做好准备。

此外，航海保障课程的增设旨在培养学生在突发情况下的应急能力。学生将学习灾害管理、危机处理及救援运作等技能，以应对海上突发事件和保障海域安全。

除了这些新的课程设置，还有一些其他培训课程的引入，以帮助学生全面了解航海行业的各个领域。比如，航海法课程将介绍航运法规和国际公约，使学生能够在法律框架下合法经营。船舶设计课程将教授学生基本设计原理和船舶结构，以便他们能够更好地理解船舶运行的原理。

3.专业特色课程定位

在专业特色课程的定位上，重点关注培养学生的素质结构和行业需求。为此，增设特种船舶知识和职业素养课程，旨在提升学生在职场上的竞争力和适应能力。这些课程不仅注重专业知识学习，还注重学生沟通能力、团队协作能力和问题解决能力的培养，以全面推动学生的综合发展。通过这些课程，学生将能够熟练掌握特种船舶领域的知识，了解行业最新发展趋势和技术要求，并能灵活应对职场中的挑战和变化。同时，学生在课程中将学习如何与他人进行有效的沟通，如何在团队中协作，以及如何迅速解决问题。这些综合素养的培养将使学生在今后的职业生涯中具备更强的竞争力。另外，特种船舶知识和职业素养课程的设立也体现了学校对学生全面发展的关注，希望每位学生不仅能够取得专业的学术成就，还能具备积极向上的人生态度和良好的职业道德。通过这些课程的学习，学生将培养出自信、合作、创新和解决问题的能力，为将来的职业发展奠定坚实的基础。培养具有全面素养和职业素质的优秀人才，以满足不断发展的社会需求。

4. 专业课程群建设

学院的目标之一是专业课程群建设。这意味着学院致力于打造一个系统完善、课程之间关系紧密的航海技术理论、实验和实践的教学体系。为了实现这一目标，学院建立了一个以智能航海、航运业务和航海保障为核心的课程群。这个课程群由 9 个大课程群组成，涵盖了航海技术相关的各个领域。

这些大课程群包括航海技术的核心知识和技能。学生可以学习智能航海技术的最新理论和实践，了解航运业务管理及航海保障的关键要素。他们将通过这些课程群掌握航海技术相关领域的知识，并具备解决航海行业实际问题的能力。

每个大课程群都涵盖了特定的领域，例如导航与航海安全、海洋工程技术、船舶运营与管理等。学生可以根据自己的兴趣和职业规划选择适合自己的课程。无论他们想要成为一名智能船舶工程师还是一名航运业务经理，都可以在这些课程群中找到对应的学习内容。

这些课程群的建设，不仅仅是为了提供学术知识，更重要的是培养学生的实践能力和解决问题的能力。学院注重课程之间的衔接和延伸，力求让学生在学习过程中形成系统的思维和综合应用的能力。通过实验室实践、实地考察和实际案例分析等教学方法，学生能够将所学知识应用到实际情境中，提升自己的职业竞争力。

学院的专业课程群建设是为了培养能够适应航海技术不断发展和创新的人才。通过这些课程群，学生将获得全面而深入的航海技术教育，为他们未来在航海领域的职业发展奠定坚实的基础。无论是参与研究项目还是实践工作，学生都将具备所需的知识和技能，为航海事业的发展做出贡献。

5."模块化"选修课程构建

为了解决学生过于侧重必修课程的问题，学院进行了选修课程的模块化设置。他们整合了通用选修课程，增加了选修课程的学分和深度广度。学院提出了一种新的培养计划模式，即"必修课构建专业基础体系、选修课提升专业技能"。这个模式旨在培养学生的综合能力和专业技能。

选修课程分为三种类型：通识选修、通用选修和模块选修。其中，模块选修又分为"船舶驾驶、航运业务、航海保障"三个专业方向模块。学生需要从这三个模块中选择一个进行全面修读，以确保他们获得专业知识的完整性。

通过这种模块化的选修课程构建，学院为学生提供了更多的选择和发展机会。学生可以根据自己的兴趣和职业发展目标，在不同的专业方向模块中深入学习。这种灵活的选修课程设置有助于培养学生的专业技能，提高他们在航海技术领域的竞争力。选修课开设方案详见表 6-6。

表6-6　"模块化"选修课开设方案

课程性质		课程名称	学分	学时分配					
				总学时	实验	上机	实践	课外	建议修读学期
通用选修		航海数学	2	32					3
		航海文化与涉外礼仪 Maritime Culture and International Etiquette	2	32					3
		水上交通工程 Maritime Traffic Engineering	2	32					4
		船舶防污染技术A Marine Anti-pollution Technology A	1.5	24					4
		河运法规 Regulation of River Transportation	1.5	24					4
		电子海图与地理信息系统 ECS & GIS	2	32					4
		修读说明:要求至少选修5.5学分,也可从模块化课程中选修							
模块选修	船舶驾驶	水路危品运输	2	32					5
		特种船舶运输	2	32					5(企业)
		内河船舶操纵与避碰	2	32					6
		船舶检验与检查 Ship Survey & Port State Control	2	32					6(企业)
		船舶气象导航 Ship's Weather Routeing	2	32					
	航运业务	航运经济学 Shipping Economics	3	48					5
		远洋运输业务 International Shipping Business	4	64					6
		国际航运管理 Management for International Shipping	3	48					6(企业)
	航海保障	航标业务与工程	2.5	40					5(企业)
		船舶运动建模与控制 Math Models and Ship Controls	2.5	40					5
		航海应急保障与应急装备 Marine Emergency Security and Equipment	2.5	40					6
		水上交通风险评价 Maritime Risk Assessment	2.5	40					6
		修读说明:选修任一模块,总学分10							

（三）课程内容体系改革

1. 增设人文知识课程，注重人文素质教育

增设了人文知识课程，并开设了一些选修课，如航海史、外交礼仪和航海心理学。这样的课程将帮助学生拓宽知识面，提高他们的人文素质。

重视学生参与国际航运劳务市场的心理准备和能力储备。提供相关培训和辅导，帮助学生应对国际航运劳务市场的挑战。这样，学生将更具竞争力，并能更好地适应国际航运劳务市场的需求。

2. 强化英语、数学、计算机等基础教学，适应国际航运人才市场需求

教学计划中，确保连续四年的英语教学。除了传统的英语课程，增设一门航海英语听力与会话（强化）实践课程，旨在提升学生的英语情景会话能力，加强他们在实际应用中的英语运用能力。这个课程将提供实践性的学习机会，使学生能够更好地适应英语与航海领域的交流。

此外，增设一门航海数学选修课，将其纳入学科基础选修课中。这门课程旨在满足那些有志于考研或学术研究的学生的需求。通过这门课程，学生将获得在航海领域中所需的数学知识和技能，为他们未来的学术和研究之路打下坚实的基础。

除了英语和数学，还将进一步拓展航海计算机应用课程的内容。在现有的航海计算机应用课程基础上，引入电子海图显示与信息系统（ECDIS）等相关课程。这些课程将为学生提供必要的技能和知识，帮助他们适应信息化时代的航海领域。学生将学习如何有效地使用电子海图显示系统和其他信息系统，以提高航海安全性和工作效率。

通过这些新课程的引入，教学计划将更加全面和富有挑战性。学生将有机会在英语、数学和航海计算机应用等领域获得深入的学习和实践经验，这将为他们未来的航海职业发展或学术研究奠定坚实的基础。致力于为学生提供全面发展的机会，以培养他们成为具备跨学科能力和适应未来发展需求的航海人才。

3. 增设部分专业课程

考虑STCW公约马尼拉修正案新规定，为了满足国际公约要求必备的专业知识，专业课程进行了一系列的增设和更新。新规定要求航海技术专业学生必须学习驾驶台资源管理（BRM）和电子海图显示与信息系统（ECDIS）等课程。在驾驶台资源管理（BRM）课程中，学生将学习如何有效管理船舶上的各种资源，包括人员、设备和信息。他们将学习如何协调和沟通，以确保船舶操作的顺畅和安全。这包括了人际关系管理、决策制定、团队合作和

危机管理等方面的培训。

另外，电子海图显示与信息系统（ECDIS）课程的引入是为了使学生熟悉并能正确使用电子海图和相关航海信息系统。他们将学习如何解读电子海图、规划航行路线和进行船舶位置的监控。这些技能对于准确导航和避免潜在的危险至关重要。此外，新规定还在集中实践性环节增设了船舶保安等培训课程。这些课程旨在加强学生对船舶保安的了解和应对能力，以应对潜在的安全威胁。学生将学习如何识别和应对恐怖袭击、非法活动和其他安全问题，以确保船舶和船员的安全。为了落实这些新规定，教学大纲也进行了更新。更新的教学大纲将确保学生接受全面和系统的培训，涵盖新添加的课程内容，并确保他们能够掌握所需的专业知识和技能。这将为学生提供更好的准备，使他们在航海领域中能够胜任各种职务。

4. 调整部分专业课程教学内容及学时

针对过去航海学等课程中暴露出的学生数理知识欠缺问题，专门开设了航海数学选修课；将航海学、航海天文学、地文三门课程重组，形成航海学课程知识点新体系，避免了原三门课程内容的重复，反映了航海科学技术的最新发展，有利于学生航行能力的培养与评估；考虑到在目前船上的实用性，削减有关航海天文内容；为使学生掌握现代化电子航海设备使用能力，对航海仪器课程的内容进行改革：大篇幅精简内容，删除陈旧的仪器内容，增加新型仪器内容，同时增强不同仪器之间的联系等。[1]

本研究以履约为基础，兼顾学历教育和职业教育，在充分调查和分析的前提下，分别从理论教学环节和实践教学环节入手，逐步改革原有培养方案，完善航海技术专业人才培养体系，形成适应马尼拉修正案要求的航海技术专业培养计划，并且建立与人才培养方案配套的课程内容体系，使项目结果的实施具体化、制度化和规范化。本研究将逐步促进形成知识结构、素质结构、能力结构有机结合的人才培养机制，对其他实践类、应用型专业培养方案的构建具有一定的借鉴意义，对全国其他地方的航海院校将起到辐射和示范作用。[2]

---

① 龚少军.高职航海技术专业课程体系设置的研究与实践 [J].教育与职业,2012(14)：141-142.

② 徐言民,李媛,程远鹏.履约背景下的航海技术专业人才培养方案研究 [J].航海教育研究, 2015（4）：10-15.

参考文献

[1] 郭丰田，宫春玲. 影响我国航海教育质量的几个问题的思考 [J]. 航海教育研究，2002（2）：44-46+56.

[2] 姚文兵，王庆名，强建中. 航海专业毕业生就业选择和职业现状调查报告 [J]. 航海教育研究，2017（1）：1-8.

[3] 潘天君，欧阳忠明. 人工智能时代的工作与职业培训：发展趋势与应对思考：基于《工作与职业培训的未来》及"云劳动"的解读 [J]. 远程教育杂志，2018，36（1）：18-26.

[4] 季荣华. 基于现代学徒制的校企实践教学研究 [J]. 实验技术与管理，2017，34（11）：149-153.

[5] 何宏康，任亦然. 我国航海教育与培训存在的问题及发展建议 [J]. 航海教育研究，2018，35（4）：31-35.

[6] 中华人民共和国海船船员适任考试和发证规则 [N]. 中国交通报，2020-09-08（007）.

[7] 史春林，马文婷. 交通强国建设视阈下中国航海教育国际化研究 [J]. 交通运输部管理干部学院学报，2019，29（4）：38-41.

[8] 李鹏，石伟平. 中国职业教育类型化改革的政策理想与行动路径：《国家职业教育改革实施方案》的内容分析与实施展望 [J]. 高校教育管理，2020，14（1）：106-114.

[9] 王程博，张新宇，李俊杰. 基于航海的无人驾驶船舶技术 [J]. 集美大学学报（自然科学版），2018，23（5）：354-359.

[10] 方泽强. 本科层次职业教育：概念、发展动力与改革突破 [J]. 职业技术教育，2019，40（13）：18-23.

[11] 孙仕祺. 军事人力资源再社会化对策研究：浙江退役军人教育培训联盟建设构想 [J]. 中国军转民，2019（9）：78-80.

[12] 刘波.航海专业举办本科职业教育的必要性及其对策研究 [J].武汉船舶职业技术学院学报,2021（1）：108-111.

[13] 杨帆.对提高我国航海技术人才素质的若干思考 [J].航海教育研究,2001（1）：64-66.

[14] 孙继祥.关于应用技术教学背景下航海技术专业实训课程改革探讨 [J].智库时代,2019（8）：184-185.

[15] 曾妍焱.关于船舶驾驶专业人才发展的几点思考 [J].中国水运（学术版）,2007（2）：252-253.

[16] 郭一鸣.现代航海技术发展趋势及挑战 [J].福建茶叶,2019,41（9）：166.

[17] 梅雄.关于提高我国航海类人才综合素质的若干思考 [J].现代企业教育,2014（12）：63-64.

[18] 唐启师,尹建川.新时期我国航海技术专业人才培养现状分析和问题研究 [J].珠江水运,2022（17）：68-71.

[19] 孔祥峰.高职院校航海专业人才培养模式改革研究 [J].青岛远洋船员职业学院学报,2012（3）：45-47.

[20] 翁石光.金融危机后航海类高职教育的改革思路 [J].航海教育研究,2010（4）：29-31.

[21] 汪益兵,孙峰,康捷.金融危机对中国航海职业教育的影响及应对 [J].航海教育研究,2009（4）：15-17.

[22] 汪龙生."高素质海员"的培养 [J].世界海运,2006（10）：41-45.

[23] 王婷,周奎,宋长亮.后金融危机时代我国航海专业人才培养对策 [J].船海工程,2011（4）：28-29.

[24] 糜婷.网络环境下成人自我导向学习能力培养研究 [J].继续教育,2015（33）：61-62.

[25] 杨金勇.把握资源开放机遇推动从学生学习到教师学习 [J].中国电化教育,2020（4）,399：29-31.

[26] 李建荣.线上线下混合式教学探索与实践 [J].教育教学论坛,2019,9（37）：164-165.

[27] 郭鹏飞.网络数字化下成人教育教学模式的改革创新 [J].中国教育学刊,2016,02（3）：215-216.

[28] 何启旻. 现代远程教育中网络课程平台的设计与开发 [J]. 贵州广播电视大学学报，2013，09（3）：13-16.

[29] 叶俊民，陈曙，郭思培，等. 线下学习数据的分析方法研究 [J]. 电化教育研究，2016，12（7）：52-59.

[30] 徐振洪. 航海专业人才混合式培训教学模式探讨 [J]. 武汉船舶职业技术学院学报，2021（2）：84-86.

[31] 余玲，梁民仓. 航海专业人才培养如何适应智能航运发展 [J]. 水运管理，2020（12）：38+40.

[32] 施政. 福建省"二元制"职业教育的探索与启示 [J]. 林区教学，2017（6）：23-24.

[33] 郑尚龙，杨神化，曹宝根，胡稳才. 新工科背景下校企合作人才培养模式：以集美大学航海技术专业为例 [J]. 集美大学学报 2022，23（1）：81-87.

[34] 胡友能，黄土荣. 高职航海技术专业"二元制"人才培养模式探究 [J]. 天津航海，2022（3）：53-54.

[35] 彭陈. 基于"卓越计划"的航海专业人才培养探讨 [J]. 科技与创新，2020（3）：78-79.

[36] 聂强. 专业群引领下的"双高计划"学校建设策略 [J]. 教育与职业. 2019，（13）：16-20.

[37] 孔定新，吴丽华，薛丛华. "双高计划"背景下高职航海专业群的特色定位与建设策略 [J]. 教育与职业，2021（17）：88-91.

[38] 薛丛华，吴丽华，朱志海. "双高计划"背景下高职航海专业群建设与评价研究 [J]. 江苏航运职业技术学院学报，2021，20（3）：43-46.

[39] 杨国丽. "双高计划"背景下高职邮轮旅游专业群产教融合实践与探索 [J]. 湖北广播电视大学学报，2021（10）：34-39.

[40] 关业伟. "双高计划"背景下高职航海专业群人才培养模式改革 [J]. 航海教育研究，2022，39（1）：16-20.

[41] 张海宁. 澳大利亚南澳洲 TAFE 教育模式的运行机制 [J]. 中国职业技术教育，2018（28）：76-80.

[42] 史方敏，范嘉芳. STCW78/10 公约对航海技术专业人才培养的影响及对策 [J]. 航海技术，2011（5）：78-80.

[43] 黄志，杨神化．航海技术本科专业综合改革方案初探 [J]. 集美大学学报（教育科学版），2014，15（3）：102-106.

[44] 刘翔．浅谈我国航海专业教学改革和人才培养路径 [J]. 职业时空，2015，11（6）：72-73.

[45] 滕英祥．基于产教融合的航海专业应用型人才培养的教学探究 [J]. 课程教育研究，2018（51）：42-43.

[46] 吴蕴慧．澳大利亚 TAFE 模式在苏州高技能人才培养中的应用 [J]. 才智，2017（11）：211-212.

[47] 马瑞．基于 TAFE 教学体系的数字媒体技术专业人才培养模式研究 [J]. 安徽科技学院学报，2015，29（3）：93-97.

[48] 孙旭．TAFE 模式启示下我国高职专业人才培养创新路径：以导游专业为例 [J]. 长江大学学报（社科版），2017，40（3）：102-105.

[49] 兰石财．TAFE 师资培养对"双师双能型"师资队伍建设的启示 [J]. 武夷学院学报，2018，37（5）：101-103.

[50] 张慧．借鉴澳大利亚 TAFE 模式拓宽应用型人才培养途径 [J]. 宿州教育学院学报，2015，18（5）：55-56，71.

[51] 张安西，张泽阳，徐国庆．TAFE 模式下航海专业人才培养探究 [J]. 西部素质教育，2019（8）：178-179.

[52] 刘凯．航海技术专业现代学徒制人才培养模式探析 [J]. 船舶物资与市场，2019（12）：103-104.

[53] 刘新建，王明雨，等．浅议"三明治"航海教育模式 [J]. 中国水运，2018（6）：23-24.

[54] 余璇，杨燕．航海高职教育"三明治"人才培养模式改革及对策研究 [J]. 南通航运职业技术学院学报，2020（2）：79-82.

[55] 覃志居，王丹，田五六，邓小富．航海专业"三明治"人才培养模式改革与对策研究 [J]. 珠江水运，2022，（15）：61-63.

[56] 中国海事局开展《1978 年海员培训、发证和值班标准国际公约》马尼拉修正案履约工作 [J]. 航海技术，2011（1）：8.

[57] 赵红，牛小兵．航海专业国际化人才培养模式的思考与构建 [J]. 航海教育研究，2016（2）：1-3.

[58] 程真启，乔红宇．基于"环境、生活、课堂"一体化的高职航海

专业人才培养模式研究 [J]. 南通航运职业技术学院学报，2018，17（3）：80-83.

[59] 方诚，季永青，陈兴伟. 高职航海专业"多元协同"国际化育人模式探索与实践 [J]. 中国职业技术教育，2021（17）：64-68.

[60] STCW 公约解读组 .STCW 公约马尼拉修正案解读 [J]. 航海教育研究，2011（1）：20-24.

[61] 陈为军，张大超. 浅析《STCW 公约》马尼拉修正案对我国航海教育的影响 [J]. 赤子（中旬），2014（18）：6-7.

[62] 王海霞，王庆名，庞玺斌，李九玲 .STCW 公约马尼拉修正案背景下航海教育的发展对策 [J]. 西部素质教育，2017（5）：100.

[63] 蒋更红. 基于 STCW 公约马尼拉修正案的高职轮机专业课程体系优化探研 [J]. 辽宁高职学报，2011（10）：64-67.

[64] 徐超，蒋祖星. 基于 STCW 公约马尼拉修正案的"船舶电子电气"专业课程开发 [J]. 航海教育研究，2012（2）：50-53.

[65] 高磊. 航海类大学毕业生质量跟踪调查报告 [J]. 科技资讯，2010（7）：177-179.

[66] 王涛，邓术章. 基于 STCW 公约马尼拉修正案的海上专业人才培养方案优化 [J]. 航海教育研究，2012，29（2）：38-41.

[67] 孟祥武. 基于 STCW 公约马尼拉修正案的航海技术专业教学改革实践 [J]. 航海教育研究，2011，28（3）：4-6.

[68] 龚少军. 高职航海技术专业课程体系设置的研究与实践 [J]. 教育与职业，2012（14）：141-142.

[69] 徐言民，李媛，程远鹏. 履约背景下的航海技术专业人才培养方案研究 [J]. 航海教育研究，2015（4）：10-15.

[70] 郭会玲. 航海职教人才质量评价指标体系研究 [J]. 天津航海，2021（4）：53-56.